"十三五" 职业教育新能源汽车专业 "互联网+" 创新教材

电动汽车使用与安全防护
（配实训工单）

主　编　简玉麟　沈有福
副主编　王酉方
参　编　汤思佳　武晓斌　李　波　王玉珊
　　　　胡锦达　鲁亚云　王　峰　田永江
　　　　丁　杰　孟范辉　高　伟　刘振涛
　　　　王爱国

机械工业出版社

本书是"十三五"职业教育新能源汽车专业"互联网+"创新教材。本书是理实一体化教材，包括理论知识和实训工单两部分，分别单独装订成册，方便使用。理论知识包括电动汽车基本使用、电动汽车安全使用、电动汽车故障应急处理、高压作业安全防护、高压系统的认知、车辆高压安全设计、高压安全事故应急处理、高压系统故障检测八个项目。实训工单部分分别对应每个项目，每个实训工单以接收工作任务、信息收集、制订计划、计划实施、质量检查、评价反馈为主线，结合理论知识内容进行实践操作，形成理实一体化教学模式。

本书彩色印刷、图片清晰美观、内容新颖全面，同时运用了"互联网+"形式，在理论知识部分以二维码的形式嵌入视频、动画，方便读者理解相关知识，以便更深入地学习。

本书可作为职业院校新能源汽车、汽车维修等相关专业的教学用书，也可作为汽车维修企业内部培训资料，还可作为汽车维修技术人员和4S店工作人员的参考书。

为方便教学，本书配有电子课件、实训工单答案等教学资源。凡选用本书作为授课教材的教师均可登录 www.cmpedu.com 以教师身份注册、免费下载，或咨询电话：010-88379201。

图书在版编目（CIP）数据

电动汽车使用与安全防护：配实训工单/简玉麟，沈有福主编. —北京：机械工业出版社，2018.8（2025.6重印）
"十三五"职业教育新能源汽车专业"互联网+"创新教材
ISBN 978-7-111-60357-3

Ⅰ.①电… Ⅱ.①简… ②沈… Ⅲ.①电动汽车 – 使用方法 – 职业教育 – 教材②电动汽车 – 安全技术 – 职业教育 – 教材 Ⅳ.①U469.72

中国版本图书馆CIP数据核字（2018）第143121号

机械工业出版社（北京市百万庄大街22号　邮政编码100037）
策划编辑：师　哲　　责任编辑：师　哲
责任校对：樊钟英　　封面设计：张　静
责任印制：李　昂
北京中科印刷有限公司印刷
2025年6月第1版第11次印刷
184mm×260mm·13.25印张·312千字
标准书号：ISBN 978-7-111-60357-3
定价：55.00元

电话服务　　　　　　　　网络服务
客服电话：010-88361066　机　工　官　网：www.cmpbook.com
　　　　　010-88379833　机　工　官　博：weibo.com/cmp1952
　　　　　010-68326294　金　书　网：www.golden-book.com
封底无防伪标均为盗版　机工教育服务网：www.cmpedu.com

"十三五"职业教育新能源汽车专业"互联网+"创新教材

编审委员会

顾 问：

李一秀	北京新能源汽车股份有限公司
赵志群	北京师范大学职业与成人教育研究所
王凯明	博世中国
魏俊强	北京汽车修理公司
李东江	《汽车维护与修理》杂志社

主 任

杨加彪	北京新能源汽车股份有限公司

副主任

李春明	长春汽车工业高等专科学校
简玉麟	武汉交通学校
李玉明	德州交通职业中等专业学校
陈圣景	北京新能源汽车股份有限公司
吴宗保	天津交通职业学院
尹万建	湖南汽车工程职业学院
王福忠	山东交通职业学院

委 员

廖明	罗旭	张珠让	李玉吉	杨效军	费丽东	张潇月	李娟	闫力
沈有福	朱小菊	尤元婷	窦银忠	曹向红	贾启阳	赵全胜	吴中斌	林俊标
王爱国	姚道如	宋晓敏	冉成科	杨正荣	何孟星	刘冬生	朱岸	施明香
官英伟	陈文钧	陈社会	周乐山	占百春	尹爱华	谢永东	祝良荣	陈宁
王胜旭	宋志良							

特 别 鸣 谢

新能源汽车技术对于职业教育来说是个全新的领域，北京新能源汽车股份有限公司十分关注我国职业教育的发展，充分体现了国有企业的社会责任。目前，职业教育新能源汽车专业教材相对较少，为响应国家培养大国工匠的号召，北京新能源汽车股份有限公司组织编写了职业教育新能源汽车专业系列教材，并由北京运华科技发展有限公司负责开发了课程体系。在编写过程中，北京新能源汽车股份有限公司提供了大量的技术资料，给予了专业技能指导，保证了本书成为专业针对性强、适用读者群体范围广的职业教育新能源汽车专业的实用教材，尤其是杨加彪、窦银忠、陈圣景、张国敏、李春洪等提出了大量的意见和建议。在此，对北京新能源汽车股份有限公司及北京运华科技发展有限公司在本书编写过程中给予的所有支持和帮助表示由衷的感谢！

机械工业出版社

二维码索引

序号	名称	图形	页码	序号	名称	图形	页码
1	电动汽车基本驾驶操作——存放		3	7	北汽新能源纯电动汽车高压系统介绍		57
2	行车过程中前机舱冒烟时应急措施		29	8	等电位连接原理介绍		69
3	交直流钳形电流表的使用方法		49	9	自动断路原理介绍		69
4	放电工装使用方法介绍		50	10	北汽新能源EV200纯电动汽车高压互锁控制策略		73
5	高压断电操作流程		53	11	心肺复苏的急救措施		84
6	高压安全操作注意事项		54				

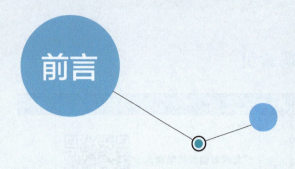

前言

随着汽车工业的高速发展，汽车带来的环境污染、能源短缺等问题日益突出。为了保持国民经济的可持续发展，2009年我国已将新能源汽车作为国家战略性新兴产业之一。新能源汽车产业已经得到了国家政策和资金的大力扶持，因此发展十分迅速。目前，潜力巨大的新能源汽车市场已经形成，新模式必然产生新市场，新市场需要大量的新能源汽车技术人员。

新能源汽车技术对于职业教育来说是个全新的领域。为满足新能源汽车市场对新能源汽车人才的需求以及职业院校新能源汽车专业的教学要求，突出职业教育的特点，北京新能源汽车股份有限公司牵头组织编写了本系列教材。本系列教材采用"基于工作过程"的方法进行开发。在对新能源汽车技术技能人才岗位进行调研的基础上，分析出岗位典型工作任务，然后根据典型工作任务提炼了行动领域，在此基础上构建了工作过程系统化的课程体系。为方便职业院校开展一体化教学和信息化教学，本系列教材中每一本教材都包括理论知识和实训工单两部分，理论知识以项目任务引领，每个任务以知识储备为主线，辅以知识拓展来丰富课堂教学。实训工单部分分别对应每个项目，每个实训工单以接收工作任务、信息收集、制订计划、计划实施、质量检查、评价反馈为主线，结合理论知识内容进行实践操作，形成理实一体化教学模式。同时在理论知识部分运用了"互联网+"技术，在部分知识点附近设置了二维码，使用者用智能手机进行扫描，便可在手机屏幕上显示与教学资料相关的多媒体内容，可以方便读者理解相关知识，以便更深入地学习。

本书包括理论知识和实训工单两部分，两部分内容单独成册构成一个整体。本书理论知识主要包括电动汽车基本使用、电动汽车安全使用、电动汽车故障应急处理、高压作业安全防护、高压系统的认知、车辆高压安全设计、高压安全事故应急处理、高压系统故障检测。实训工单部分对应理论知识的每个项目任务，以接收工作任务、信息收集、制订计划、计划实施、质量检查、评价反馈为主线，对教学内容进行巩固，同时以实践操作为依托，以达到理实一体化的目的。

本书由简玉麟、沈有福任主编，王酉方任副主编。其他参加编写的还有汤思佳、武晓斌、李波、王玉珊、胡锦达、鲁亚云、王峰、田永江、丁杰、孟范辉、高伟、刘振涛、王爱国。

在本书编写过程中，北京新能源汽车股份有限公司提供了大力的支持，北京运华科技发展有限公司开发了配套的实训项目和设备，并制作了配套的视频、动画，以二维码形式嵌入书中。在此表示衷心的感谢。

由于编者水平有限，书中难免有错漏之处，敬请读者批评指正。

编者

目录

二维码索引
前　言
项目一　电动汽车基本使用 ·· 1
　任务一　电动汽车驾驶操作 ··· 2
　任务二　电动汽车充电 ··· 7
　任务三　电动汽车智能客户端的使用 ··· 13
项目二　电动汽车安全使用 ·· 19
　任务一　日常维护保养 ··· 20
　任务二　消防安全应急处理 ·· 25
项目三　电动汽车故障应急处理 ··· 30
　任　务　电动汽车无法起动应急处理 ·· 31
项目四　高压作业安全防护 ·· 38
　任务一　高压个人防护用具的使用 ··· 39
　任务二　高压作业前准备工作 ··· 43
　任务三　高压断电操作 ··· 51
项目五　高压系统的认知 ·· 55
　任务一　电动汽车高压部件的识别 ··· 56
　任务二　电动汽车高压线束的认知 ··· 63
项目六　车辆高压安全设计 ·· 67
　任务一　车辆高压安全指标的测试 ··· 68
　任务二　车辆高压互锁回路的验证 ··· 71
　任务三　车辆高压线束安全检测 ·· 75
项目七　高压安全事故应急处理 ··· 83
　任务一　心肺复苏急救流程 ·· 84
　任务二　除颤仪的使用 ··· 90
项目八　高压系统故障检测 ·· 102
　任　务　高压系统绝缘故障排查 ··· 103
参考文献 ·· 106

Project 1

电动汽车基本使用

任务一　电动汽车驾驶操作

1. 对电动汽车的驾驶操作有基本的认知。
2. 能够识读仪表显示信息。
3. 能够使用并操作中控信息系统。

一、电动汽车使用前检查

为保证行车安全，使用电动汽车前应进行出车前检查。

1）绕车一周明确汽车周围、车底等无人和障碍物。

2）检查轮胎气压是否符合标准，清理胎纹中的杂质，检查车轮螺母是否松动、脱落，必要时要进行紧固。

3）检查是否漏水、漏电、漏气。检查前机舱高压电器表面是否有积水，如有用布拭去；检查动力蓄电池是否固定牢靠；检查车下是否有油迹、水迹，管路是否有渗漏的地方。

4）检查所有的车窗玻璃、门锁、后视镜、前后灯等是否正常工作。

5）检查机舱盖和行李箱盖是否关紧，随车工具是否齐全，车内行李物品是否安放好。

6）检查转向盘、座椅、安全带是否调整好，车门是否关紧。

7）检查电机冷却液液位、制动液液位、玻璃清洗液液位，清理刮水片上的杂质。

8）检查制动踏板、驻车制动器操作装置是否正常。

二、驾驶操作流程

1. 电动汽车的起步

电动汽车起步前应注意驻车制动手柄是否松开，并确认变速杆在 N 位。

1）钥匙开关打到 ON 位，暂停 2~3s，该过程为系统自检、各控制器上电过程。此时所有仪表、警告灯和电路可以工作。

2）钥匙开关打到 START 位，车辆起动，高压上电完毕，检查各种仪表指示是否正常，READY 指示灯是否点亮。

3）READY 指示灯点亮，可以挂档行车。

2. 电动汽车的驾驶

（1）驾驶注意事项　在驾驶过程中，应注意勿将手放置在换档旋钮上，手的压力可能导致换档机构的过早磨损，起动车辆前确认旋钮处于 N 位，在车辆运行过程中勿换档。

（2）北汽新能源 EV200 纯电动汽车驾驶方式　北汽新能源 EV200 换档操作装置如图 1-1 所示。档位指示位于旋钮式电子换档面板上。整车上电后，背景灯点亮。

1）前进档（D 位）。在换档之前，必须先踩制动踏板，否则档位选择无效。将换档旋钮旋至 D 位。此时，字母 D 显示为冰蓝色，其余未选中档位字母为白色。

2）倒档（R 位）。在选择倒档前，必须确保车辆处于静止状态。然后，踩下制动踏板，将旋钮旋至 R 位。此时，字母 R 显示为冰蓝色，其余未选中档位字母为白色。

图 1-1　换档操作装置

3）前进档经济模式（E 位）。在换档之前，必须先踩制动踏板，否则档位选择无效。将旋钮旋至 E 位。此时，字母 E 显示为冰蓝色，其余未选中档位字母为白色。

4）空档（N 位）。在选择空档前，确保车辆处于静止状态。

5）辅助按键 E＋和 E－。位于换档旋钮左侧，档位在 E 位时有效。

① E＋表示制动能量回收强度增加，最大为 3 档。

② E－表示制动能量回收强度减小，最小为 1 档。

（3）电动汽车的停止

1）拉起驻车制动手柄。

2）将档位开关置于空档。

3）钥匙开关旋至 LOCK 位。

4）关闭所有车窗门并锁上车门。

5）确保车灯已熄灭。

6）如车辆停放在斜坡上且无人看管时，必须垫好车轮挡块。

7）不要将无人照看的儿童单独留在车内，儿童可能误操作车辆上的控制装置而导致事故。

8）中途停车，要选择合适、安全的停车地点。

（4）电动汽车的存放

1）经常清洗尘土并检查电动汽车外部，进行防锈和除锈。

2）停驶一个月以上时，应将车辆架起，解除前、后悬架及轮胎的负荷。

3）每月对动力蓄电池进行一次补充充电。

4）每月检查一次电气仪表、制动系统、转向系统等的动作情况；检查各轮胎气压，发现不足时应补充充气。

电动汽车基本驾驶
操作——存放

三、仪表及中控信息系统的使用

1. 组合仪表

仪表及故障指示灯介绍见表 1-1。

表 1-1 北汽新能源 EV200 仪表指示灯

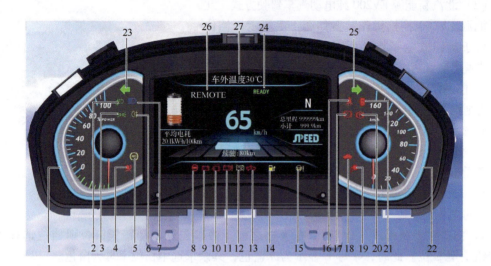

1	驱功率表	2	前雾灯	3	示廓灯
4	安全气囊指示灯	5	ABS 指示灯	6	后雾灯
7	远光灯	8	跛行指示灯	9	蓄电池故障指示灯
10	电机及控制器过热指示灯	11	动力蓄电池故障指示灯	12	动力蓄电池断开指示灯
13	系统故障灯	14	充电提醒灯	15	EPS 故障指示灯
16	安全带未系指示灯	17	制动故障指示灯	18	防盗指示灯
19	充电线连接指示灯	20	驻车制动指示灯	21	门开指示灯
22	车速表	23、25	左、右转向指示灯	24	READY 指示灯
26	REMOTE 指示灯	27	室外温度提示		

2. 中控信息系统的使用

1)中控信息系统在实际车辆上的安装位置如图 1-2 所示。

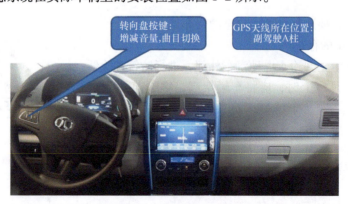

图 1-2 中控信息系统

2)中控台各功能按键定义说明如图 1-3 所示。

项目一 电动汽车基本使用

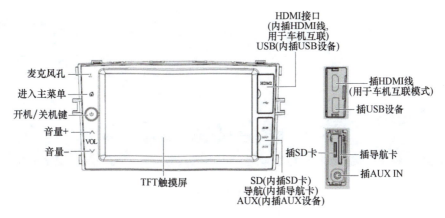

图 1-3 中控台各功能按键定义

3)转向盘控制开关。特定车型的转向盘上配有音响控制按键以及巡航控制开关(预留),如图 1-4 所示。

4)功能使用说明。

① 主要功能介绍——收音机,收音机显示屏如图 1-5 所示。

② 主要功能介绍——蓝牙,功能展示如图 1-6 所示。

③ 主要功能介绍——机屏互联。HDMI 是 High Definition Multimedia Interface 的缩写,指高清晰度多媒体接口,是一种数字化视频/音频接口技术,适合影像传输的专用型数字化接口,可同时传送音频和影像信号。

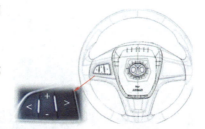

图 1-4 转向盘控制开关

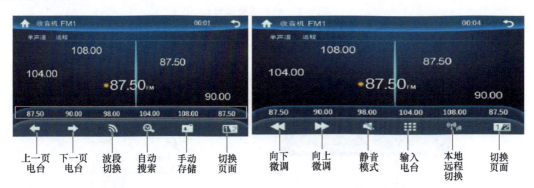

图 1-5 收音机

MHL(Mobile High-Definition Link)为移动终端高清影音标准接口,是一种连接便携式消费电子装置的影音标准接口。MHL 仅使用一条信号电缆,通过标准 HDMI 输入接口即可呈现于主机上。它运用现有的 Micro USB 接口把手机输出的 MHL 信号转换为 MDHI 信号,此接口支持充电。

手机 APP 安装配置如图 1-7 所示。

此项功能需要手机的硬件支持:安卓手机需要有带 MHL 功能的接口,苹果手机需要有转 HDMI 的功能,连接方式如图 1-8 所示。

图1-6 蓝牙

图1-7 APP安装配置

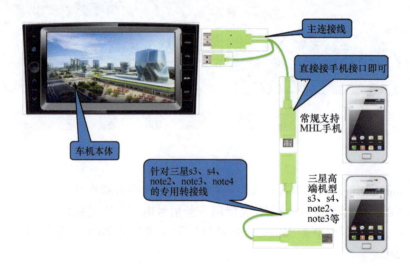

图1-8 手机硬件支持

任务二 电动汽车充电

1. 掌握电动汽车充电的基本操作要领。
2. 掌握电动汽车充电注意事项。
3. 熟知电动汽车的充电操作流程。

一、充电的仪表显示

1. 充电状态显示

充电状态界面如图 1-9 所示。

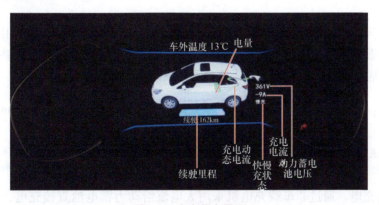

图 1-9　充电状态界面

充电电流负值表示动力蓄电池正在充电，正值表示动力蓄电池正在放电。

车辆进入充电状态后，组合仪表的行车电脑显示屏自动点亮，显示当前充电信息，10s 后屏幕熄灭。若要再次查看充电信息，可通过以下方式点亮正处于充电状态车辆的组合仪表：

1）通过按下按钮 B 可以再次点亮行车电脑显示屏，显示充电信息 10s 后熄灭，反复如此。

2）按下遥控钥匙的闭锁键远程操控点亮行车电脑显示屏，显示充电信息 10s 后自动熄灭，反复如此。

2. 充电已满

动力蓄电池电量充满后，行车电脑显示屏自动点亮，提示电量已充满，10s 后屏幕熄灭，充电完成界面如图 1-10 所示。

3. 充电故障

车辆在充电过程中出现故障，行车电脑显示屏自动点亮，充电故障指示灯点亮，10s 后熄灭，充电故障界面如图 1-11 所示。

图 1-10 充电完成界面　　　　　　　图 1-11 充电故障界面

二、充电方式

1. 充电模式

目前，电动汽车应用层面的充电模式可分为常规充电、快速充电、电池快换、无线充电。

（1）常规充电　将家用交流电源或交流充电桩电源作为供电装置，利用随车配备的便携式充电设备进行充电，充电时间一般为 6~8h。交流充电桩通常安装在公共停车场、大型商场服务区、居民住宅区等场所，便于充分利用夜间或停车时间进行充电。

> 小贴士：优点是充电桩成本较低，安装比较简单，利用负荷低谷时段进行充电成本相对较低。
>
> 缺点是充电时间较长，难以满足车辆紧急充电需求。

（2）快速充电　通过非车载充电机采用大电流给动力蓄电池直接充电，使其在短时间内充至 80% 左右的电量，因此也称为应急充电。

> 小贴士：优点是充电时间较短，可满足电动汽车的紧急充电需求，现阶段对推动电动汽车的发展有积极意义。
>
> 缺点是充电电流较大，充电时会对电网产生一定的冲击；充电设施成本较高，安装较复杂；大电流充电对电池寿命有影响；对充电的可靠性和安全性要求较高。

（3）电池快换　采用更换动力蓄电池的方法为电动汽车补充电能。该模式克服了目前动力蓄电池性能上的局限，实现了电动汽车快速补充电能，通常只需 3min 左右。目前，电池快换主要集中在换电站进行，需要配备必要的电池更换设施。

> 小贴士：优点是更换动力蓄电池时间很短，间接解决了充电时间长、续驶里程短等难题；通过动力蓄电池的集中管理，可以对动力蓄电池进行性能匹配和梯次利用，有利于提高动力蓄电池的寿命。
>
> 缺点是动力蓄电池的设计需要标准化，同时对换电站的布局、电池的流通管理等都提出了较高的要求。

（4）无线充电　无线充电是利用电磁感应、电场耦合、磁共振和无线电波等方式进行能量的传递。采用无线充电模式，车辆需要安装车载感应充电机，虽然车辆的受电部分与供电部分没有机械连接，但是需要受电体与供电体对接较为准确。

2. 充电线

（1）交流充电桩充电线束　交流充电桩充电线束主要由充电线和充电枪组成。车辆充电前，需要全面检查充电线外观有无断裂，防止漏电等现象发生。2014年以后生产的北汽新能源车辆随车配备交流充电桩充电线束总成如图1-12、图1-13、图1-14所示。充电接口额定电流值为16A、32A两种。

图1-12　北汽新能源汽车充电线束总成

图1-13　车辆端充电枪部分

1）16A对应的枪头检测电阻为680Ω。

2）32A对应的枪头检测电阻为220Ω。

（2）家用交流慢充充电线束　家用交流慢充充电线束为随车附带的便携充电线，如图1-15所示，由充电插头、线缆控制及保护装置、车辆端充电枪组成。充电插头为三脚插头，与16A插座匹配。

（3）直流快充充电线束　快充设备只能采用固定式供电线，即充电线束与充电桩固定连接，如图1-16所示。车辆端快充充电线束是指连接快充口到高压控制盒之间的线束。

3. 充电接口

充电接口分为交流接口和直流接口，不同车型的接口位置略有不同。北汽新能源EV系列交流接口设置在车身左侧后方，如图1-17所示。大部分车型的直流接口设置在车头车标处，如图1-18所示。

4. 充电桩

用户可使用特定的充电卡或手机APP在充电桩提供的人机交互界面进行充电方式、充电时间、费用数据打印等操作，充电桩可显示充电量、费用、充电时间等数据。充电桩外观

图 1-14　充电桩供电端充电枪

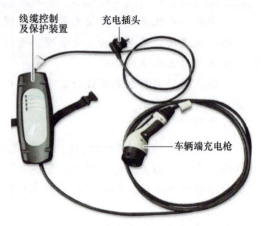
图 1-15　家用交流慢充充电线束

图 1-16　快充充电线束

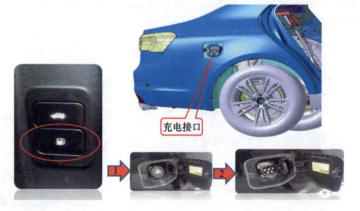
图 1-17　充电交流接口

如图 1-19 所示，按安装方式可分为落地式充电桩、挂壁式充电桩；按安装地点可分为公共充电桩、专用充电桩；按充电接口数可分为一桩一充、一桩多充；按充电方式可分为直流充电桩、交流充电桩和交直流一体充电桩。

图 1-18　充电直流接口

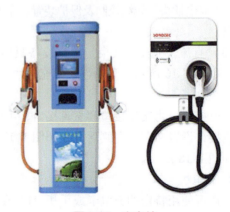
图 1-19　充电桩

三、充电流程

1. 充电桩充电

利用充电桩用充电线，将被充车辆与厂商认可的充电桩按照操作说明可靠连接，通过插卡、输入密码、启动等一系列操作后，完成交流/直流充电桩充电工作。

1）打开充电桩电源口盖板，把充电线缆插到充电桩上，如图1-20所示。

2）把充电线缆插到车身充电口上，如图1-21所示。

图1-20　打开盖板　　　　　　　图1-21　连接车身充电口

3）把充电卡插入充电桩卡口，如图1-22所示。

4）输入密码，如图1-23所示。

图1-22　插卡　　　　　　　图1-23　输入密码

5）选择充电方式，如图1-24所示。

6）插头连接，如图1-25所示。

图1-24　选择充电方式　　　　　　　图1-25　确认连接

7）充电显示界面，如图1-26所示。

8）完成充电，如图1-27所示。

图1-26 充电显示界面

图1-27 充电中止

9）账单结算，显示界面如图1-28所示。

10）充电结束，断开连接，如图1-29所示。

图1-28 插卡结算

图1-29 断开充电连接

2. 家用交流充电

家用交流充电利用家用交流充电线，将被充车辆与家用220V 50Hz 16A 的单相三孔插座可靠连接，若充电线三芯插头未拔下时，严禁将手指放入充电枪插头；若充电线控制盒故障指示灯点亮时，请确认充电枪与车辆端交流充电插座是否连接良好。目前，北汽新能源EV系列随车配备额定电流为16A转换插座，如图1-30所示。

图1-30 家用交流充电线及转换插座

四、充电注意事项

1）当组合仪表中的电量表指针指向表盘中的红色区域时，表示动力蓄电池电量低，请尽快充电。在电量降至红色区域时应及时充电。不建议在电量完全耗尽后再进行充电，否则会影响动力蓄电池的使用寿命。

2）应在动力蓄电池的合理工作范围内对车辆进行充电，交流充电时：动力蓄电池温度高于50℃或低于-20℃；或直流充电时：动力蓄电池温度高于55℃或低于-10℃，车辆将不能正常充电，需做动力蓄电池降温或保温处理。

3）为了避免对充电设备造成破坏应注意以下事项：

① 不要在充电插座塑料口盖打开的状态下关闭充电口盖板。

② 不要用力拉或者扭转充电电缆。

③ 不要使充电设备承受撞击。

④ 不要把充电设备放在靠近加热器或其他热源的地方。

4）当采用家用充电设备时，如遇到外部电网断电情况，充电会自动重新启动充电，无须重新连接充电连接装置。

5）充电时，不建议人员停留在车辆内。

6）充电时，建议将车辆停放在通风处。

7）当动力蓄电池电量充满后，系统会自动停止充电。

8）停止充电时应先断开交流充电连接装置的车辆插头，再断开电源端供电插头。

9）当环境温度低于0℃时，充电时间要比正常时间要长，充电能力较低。

10）动力蓄电池在搁置过程中会发生自放电现象，用户在搁置动力蓄电池时，确保动力蓄电池处于半电状态（50%~60%）。建议用户搁置动力蓄电池的时间不要太长，最多不要超过三个月。

11）当车辆需要在短时间内快速补电时，并在有快速充电桩的条件下，可以对车辆进行快速充电。快速充电可以在短时间内将动力蓄电池进行快速的补电。但不建议使用快速充电将动力蓄电池充至满电或频繁使用快速充电，否则会对动力蓄电池的性能造成一定影响。

12）动力蓄电池的可用能量会随着使用时间的延长而逐步衰减。如果动力蓄电池的使用时间已经很长，充满电时动力蓄电池电量也不会指示在100%附近。

任务三 电动汽车智能客户端的使用

1. 了解远程控制平台的组成及功能。
2. 掌握远程控制平台手机APP的使用方法。
3. 掌握远程控制平台的操作流程。

一、功能介绍

C33DB远程控制平台是用来和车载终端及手机APP配合工作，实现车主车辆远程状态查询和远程车辆控制等功能的系统。

整个系统由车载终端（INQ-1000T）、远程控制平台（用户服务网、inCOM 基础数据平台等）、C33DB 手机 APP 三部分组成。

1. 车载终端

车载终端能够与整车控制器（VCU）通过 CAN 总线进行通信，服从 VCU 的控制命令，获取整车的相关信息；用 GPS 对车辆进行定位；将大量数据存储到本地移动存储设备（SD 卡）中，经存储的数据可由分析处理软件读取和分析；能将信息按照规定的时间和数据量，以无线通信（GPRS）的方式发送到服务平台。在信息传输的过程中，要保证信息的正确性、保密性，不能让信息丢失或被他人窃取。

除此，车载终端还具有以下功能：

（1）黑匣子　车载终端将在本地保存车辆最近一段时间的运行数据，作为"黑匣子"提供车辆故障或事故发生前的数据信息。

（2）盲区补传　车载终端支持在通信网络不畅情况下，自动将数据保存至采集终端 flash 存储区内，待网络正常后，自动/人工将数据上传至服务平台。

（3）自检功能　当检测到 GPS 模块、主电源等故障会主动上报警情到监控中心，辅助设备进行检修。

（4）远程升级　支持远程自动升级功能，自动接收来自服务平台的升级指令以完成软件升级，大大节省了维护成本。必要情况下，借助本车载终端可对车辆通过 CAN 协议进行软件升级。

2. 云钥匙用户服务网

云钥匙用户服务网包括后台管理界面和前台用户界面。

云钥匙用户服务网后台管理界面主要提供给维护人员、客服人员使用，在其中进行相关信息的管理和维护，做完初始化维护工作之后车主才能按照流程使用云服务。在车主使用过程中，可能需要在后台根据客户要求进行相关信息的修改、手机绑定的解除、用户意见反馈的回复及查看等。

云钥匙用户服务网前台用户界面主要提供给车主使用，车主需要在其中完善个人信息并进行激活后，设置功能、下载手机 APP，再使用自己设置的账号和密码进行登录。使用过程中如果有信息变更也可以在前台进行修改，并可查询车辆轨迹、个人操作日志等信息。

3. 手机 APP

手机 APP 核心功能为车辆状态查询、充电状态查询与提示、远程控制（空调、充电）、爱车体检、车辆位置服务。

二、用户注册、登录

车主使用的手机 APP 主要包括车辆状态、充电状态查询和提示、远程控制（空调、充电）、爱车体检、位置服务、意见反馈。车主可在云钥匙用户服务网上进行下载。车主完成账号激活和设置功能后，可以在云钥匙用户服务网"手机 APP 下载"中下载 APP 进行安装使用。目前可以通过扫描二维码、直接下载到电脑两种方式下载，预留了短信获取下载地址进行下载功能，如图 1-31 所示。

车主下载手机 APP 安装成功后，即可使用激活时自己设置的账号和密码登录；可选择记住密码和自动登录。

项目一 电动汽车基本使用

图 1-31　下载手机 APP

APP 启动时会自动检测是否有新版本，如果有新版本发布，则会自动提示进行升级。

当不是第一次登录手机 APP 且更换了手机，则需要先到用户服务网进行重置，否则会因账号和旧手机 IMEI 号绑定无法登录，提示界面如图 1-32 所示。

三、北京汽车手机 APP 使用方法

车主登录后，车辆在线时可以查看此时车辆的实时状态，包括当前总里程、剩余电量、续驶里程、电芯最高/低温度、是否充电及空调状态等，如图 1-33 所示。

如果当前正在充电，则可以查看充电剩余时间，电池图标会动态地显示正在充电，如图 1-34 所示。如果 SOC 达到 95%，则会自动弹屏提示即将充电充满，如果 SOC 达到 98%，则自动弹屏提示充电已充满。另外，充电状态和空调状态发生变化时（如设置了定时充电或定时空调开启），也会弹屏提示。

图 1-32　绑定失败

图 1-33　实时状态查询

图 1-34　充电显示界面

如果是高配车型，则拥有 APP 的所有功能，即车辆状态、车辆控制、爱车体检、位置服务、意见反馈、设置等；如果是低配车型，则没有车辆控制功能。高配车型手机 APP 登录之后界面如下：

APP 初始默认是开启后台运行和铃声提示，关闭云服务密码一次验证和自启动。车主可以自己根据需要进行设置，如图 1-35 所示。但是建议开启后台运行、铃声提示，以便于更方便地知晓车辆状态变化和意见回复消息。

图 1-35　设置界面

车主可以对自己的车辆进行空调控制和充电控制，如图 1-36 所示，分别包括定时和即时控制，控制结果会弹屏反馈至界面，同时也可以查询所有的控制操作记录。进行车辆控制时，需要输入云服务密码（控制密码）。当车辆不在线，即终端处于休眠状态时，APP 发送控制指令后，首先控制平台后台通过短信方式唤醒终端，继而唤醒 VCU，再按照既定的控制策略完成控制功能。

图 1-36　空调控制和充电控制

车主可以远程控制空调即时打开，可以选择空调类型和开启时长，如图 1-37 所示。当空调还在开启状态时，可以远程关闭空调，操作步骤如图 1-38 所示。

车主可以对自己车辆进行体检，系统会根据制订的打分策略，按照目前已发生但还未结

项目一　电动汽车基本使用

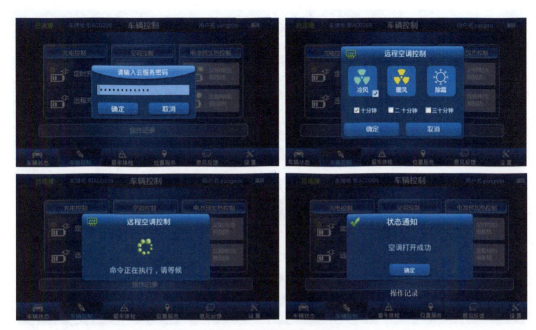

图 1-37　远程开启空调

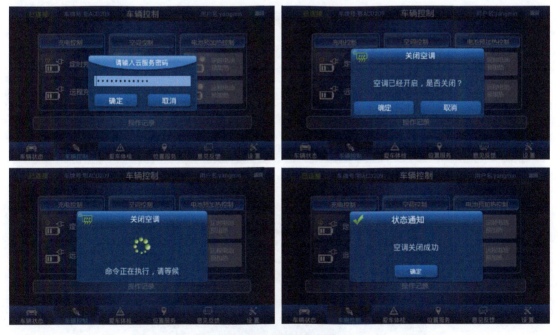

图 1-38　远程关闭空调

束的故障进行分数的计算，同时不同级别的分数以不同颜色显示，显示界面如图 1-39 所示。

如果在云钥匙服务网中设置的位置服务是开启状态，则车主可以在手机 APP 中查询车辆现在的位置及人车直线距离，以便于寻找车辆，显示界面如图 1-40 所示。

如果在云钥匙服务网中设置的位置服务是关闭状态，则手机 APP 会直接给出提示，将位置服务功能开启后，即可使用该功能，如图 1-41 所示。

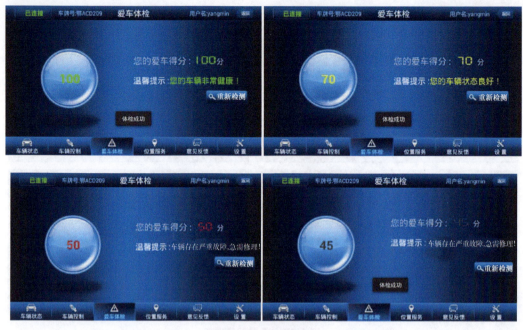

图1-39 爱车体检

图1-40 车辆定位

图1-41 权限开启

Project 2

项目二

电动汽车安全使用

任务一 日常维护保养

1. 知道电动汽车的维护保养项目。
2. 掌握电动汽车日常维护保养的流程。

一、电动汽车日常维护保养

1. 车辆维护保养的目的

1）确保车辆行车安全。

2）延长零部件及车辆使用寿命，提高车辆完好率。

3）节能、降耗、减排（降低燃油、润滑油、轮胎等材料消耗，改善噪声、尾气排放等环保指标）。

2. 周期维护保养规范

为了保证车辆安全、可靠行驶，需要对车辆进行日常维护保养，比如检查并更换制动液和冷却液等，下面以北汽新能源汽车为例进行介绍。

（1）更换制动液　无论一辆汽车的行驶里程是多少，每2年或4万km应当更换一次制动液，以先到为准。

（2）更换冷却液　无论一辆汽车的行驶里程是多少，每2年或4万km应当更换一次冷却液，以先到为准。

（3）更换减速器润滑油　首次更换为1000km或1年，之后每隔10000km或6个月检查一次，每隔20000km或12个月更换一次减速器润滑油。

> 小贴士：减速器润滑油规格：SAE 75W-90（GL-4）。

> 小资料：电机系统的维护保养规范如下：
> 1）每天开车前，检查水箱是否有防冻液，如防冻液太少或没有，则必须补充。
> 2）每两个月检查电机本体及控制器水冷管道是否通畅，如果冷却水道有堵塞现象，则应及时清理堵塞物。

3）每半年检查清理一次电机本体及控制器的表面灰尘。清理方法：断开动力电源，用高压气枪清理电机本体及控制器表面灰尘。

注意：严禁用高压气枪直接对准控制器外壳上的"呼吸器"吹气，应用软毛刷进行清理。

3. 日常维护保养规范

北汽新能源 EV200 日常维护保养项目及周期见表 2-1。

表 2-1　北汽新能源 EV200 日常维护保养项目及周期

项　目	要　求	周　期
灯光	按钮、灯光正常	每日
喇叭	按钮、声音正常	每日
转向灯	按钮、灯光正常	每日
刮水器	功能正常	每日
清洗装置	功能正常	每日
警告灯	无故障信息提醒	每日
泄漏部位	车身底部无液体泄漏	每日
冷却液液位	符合要求	每周
制动液液位	符合要求	每周
风窗玻璃清洗剂液位	符合要求	每周
轮胎气压和状态	胎压符合要求	每周
操作空调器	制冷、制热、吹风等功能正常	每周

注：汽车中使用的液体有的是有毒的，不得与嘴或未愈合的伤口接触。有毒液体包括蓄电池的酸液、防冻液、制动液和风窗玻璃清洗添加剂等。将有毒液体排放在下水道、水管和土壤中是违法的。应当通过许可的废物处理场所处理废油和有毒的化学物。

4. 冷却液的检查和加注

驱动电机系统冷却液储液罐位于机舱内。在冷却系统处于冷状态测量时，罐内的冷却液的高度应保持在两条标记线之间，如图 2-1 所示。冷却系统是封闭的，所以正常的冷却液损耗非常少。冷却液高度明显降低意味着冷却系统发生了泄漏。如果发生这种情况，应尽快到北汽新能源公司特约店进行冷却系统的检查。

如果冷却液高度降到储液罐上的低水位刻度线位置（MIN）以下时应打开盖子向储液罐中添加冷却液。

图 2-1　北汽新能源 EV200 冷却液

防冻液中含有重要的防腐剂。冷却液中防冻液的成分应常年维持在 50%±5% 左右（不仅在低温条件下）。为确保冷却液的防腐性能，无论车辆行驶里程数是多少，应每年检查一次冷却液中防冻液的含量，防冻液应每 2 年完全更换一次。如不能及时检查或更换，会导致散热器和电驱动系统零部件的腐蚀。

> 注意：请勿向冷却液中添加防腐剂或其他添加剂（可能与冷却液或电驱动系统不相适合）。勿与其他防冻液混用，车辆所选择防冻液冰点应低于当地气温 10~15℃。

5. 制动液的检查和加注

汽车在使用过程中，制动储液罐中的液位可能会由于制动踏板磨损而稍微下降，需要不断地进行加注。如果在短时间内发现液位稍稍下降，请联系北汽新能源公司特约店。如果制动液液位低于储液罐的最低标记时，请勿驾驶车辆。

在加注制动液时，需要取下加注口盖子，为了防止灰尘进入储液罐，先将盖子擦拭干净，然后逆时针旋动盖子 1/4，然后提起取下。加注专用制动液至储液罐"MAX"标记位，如图 2-2 所示。

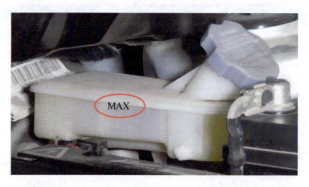

图 2-2　北汽新能源 EV200 制动液"MAX"标记位

> 注意：制动液会损坏漆面。如果制动液加注时外溢，立刻使用吸水布吸收掉并使用车辆清洗剂加清水进行清洗。
>
> 仅使用密封容器中新的制动液（已开封容器中的制动液或之前从系统中渗出的制动液已吸收了空气中水分，从而会对制动性能产生不良影响）。

6. 风窗玻璃清洗剂的加注及刮水片的检查

风窗洗涤液储液罐为前风窗玻璃和后风窗玻璃提供洗涤液。

每周定期检查储液罐，液位如图 2-3 所示。为了保证正常的风窗清洗和防止寒冷天气时冰冻，请加注水和品牌洗涤液的混合液。最好在加注之前，将推荐数量的水和洗涤液在一个单独的容器里混合，并且一直遵守容器正面的说明。

图 2-3　北汽新能源 EV200 风窗玻璃清洗剂

> 注意：不要在储液罐中使用防冻液或醋/水溶液（防冻液会损坏油漆表面，而醋会损坏风窗洗涤泵）。

（1）洗涤器喷嘴　定期使用洗涤器来检查喷嘴是否洁净，喷射方向是否正确。风窗洗涤器喷嘴在生产的时候已经设置好，不需要调整。如果喷嘴堵塞，用针或细金属丝伸入孔中清出阻塞物。

> 注意：洗涤液加注量应<3.5L。

（2）刮水片　油脂、硅和石油产品会减弱刮水片的刮刷效果。在温热的肥皂水里清洗刮水片，并且定期检查它们的状态。

如果发现橡胶硬化或有裂纹，或刮水器在风窗玻璃上留下滑痕或不能清洗某个区域，那么需要更换刮水片。

定期使用认可的玻璃清洁剂来清洁风窗玻璃，并且保证风窗玻璃在更换刮水片之前被彻底清洁。

只使用和原装刮水器同样规格的刮水片。如果刮水片失效，需要进行更换，拆装方法如下：

1）拆卸刮水片：将刮水臂从风窗玻璃上提起。通过按压锁定按钮，如图2-4所示部位，顺着刮水片的方向，使刮水片与刮水臂接头顺势分脱开。

图2-4　刮水片

2）安装刮水片：安装新的刮水片与拆卸刮水片是一个相反的过程：顺着刮水片的方向，将刮水片卡入与刮水臂接头，直至被锁定。

在将刮水器总成放回风窗玻璃之前，再次检查刮水片是否固定牢固。

> 注意：若风窗玻璃上有灰尘、油污等不洁净物，请及时清理干净。以免影响刮刷质量。

7. 蓄电池维护

蓄电池一般为免维护蓄电池，所以不必要添加溶液。在蓄电池顶部有一个蓄电池状态指示器。定期检查指示器以确定蓄电池状态。当指示器显示为：

① 绿色：蓄电池充电状态良好。

② 黑色（变为黑色）：蓄电池需要进行充电。

③ 透明（或浅黄色）：必须更换蓄电池。请勿对蓄电池进行充电操作，或当蓄电池处于该状态下时起动整车电器系统。

（1）蓄电池的断开和拆卸　在断开或拆卸蓄电池之前，消除警报器。确保启动开关和其他电器部件关闭。

首先断开负极（"-"）连线，然后是正极（"+"）连线（当重新连接时，首先连接正极连线然后连接负极连线）。

松开固定蓄电池压板的限位螺栓，取出蓄电池压板。使用提起手柄（如果安装）从汽车中提起蓄电池。

> 注意：不允许蓄电池端子或是导线接触到工具或是车上的金属部件。

（2）蓄电池的更换　仅装配相同型号的蓄电池并与原规格相符，其他的蓄电池可能在尺寸上不符或接线端位置不同，可能导致蓄电池的损坏、漏液或起火。

在更换时，应确保蓄电池安装正确，接线端柱面朝车辆右边。确保蓄电池托盘和压板被安全固定；防止蓄电池在事故或紧急停车时移动。

（3）蓄电池充电　在充电前，应先是检查蓄电池状态。在充电时，蓄电池会产生含有腐蚀的酸性挥发气体，并且产生会导致严重损坏的电流。所以在充电过程中，应注意以下事项：

1）在充电前，从车上断开接线柱并拆卸蓄电池，对已连接好导线的蓄电池充电会损坏汽车的电器系统。

2）在打开充电器开关前，确认蓄电池充电器导线安全的夹在蓄电池的接线端上，一旦充电器开启，不能移动导线。

3）在充电时，注意保护眼睛，或避免俯身蓄电池之上。

4）保持蓄电池顶部的四周空间有良好的通风，避免蓄电池附近有强光（蓄电池在充电前后会产生易燃的氢气），在蓄电池的显示窗口状态显示为绿色时，对蓄电池充电将导致过多充电。

5）当充电结束时，从蓄电池接线端处脱开导线前，关闭蓄电池充电器。

8. 轮胎维护

驾驶时始终注意轮胎的状态，并定期检查胎面和胎侧是否变形（鼓包）、划痕、磨损、裂纹、扎铁钉等。

导致轮胎失效的最常见原因有撞击或摩擦路基、从路上的深坑驶过、轮胎气压过低或过高。

（1）轮胎气压　当轮胎的压力过低时，轮胎磨损将更加严重，可能极大影响汽车的道路操控性和经济性，并增加了轮胎失效的危险。轮胎的压力过高会导致行驶不平稳，轮胎磨损不均匀，并且更加容易损坏。

至少每周检查轮胎气压（包括备胎），检查时轮胎必须是常温状态——只要1.6km的行驶就可以使轮胎充分生热从而影响轮胎气压。

保持气门嘴帽向下牢固拧紧，以防止灰尘进入气门嘴。在检查轮胎气压时，检查气门嘴是否出现漏气。

轮胎标准气压（简称标准胎压）通常可以在这些地方找到：

1）车辆用户手册。

2）驾驶室车门（B柱附近）旁边的标签。

3）车辆驾驶座旁的抽屉。

4）充电口盖。

5）不同的车型，重量不一样，轮胎不一样。前轮和后轮一般也不一样。

（2）轮胎磨损　原配的轮胎有磨损标记，在胎面花纹底部，分布在轮胎圆周上。当胎面磨损到1.6mm，标记就会出现在花纹的表面，在地上会留下连续的橡胶印迹，贯穿整个轮胎宽度，沿圆周共有6个指示点。

注意：如果轮胎磨损不均匀（只在一侧磨损）或过度磨损，应该检查车轮定位。

磨损标记预示胎面不能继续提供良好的牵引，尤其是在湿滑道路上，而且轮胎不能达到法规规定的最低1.6mm的花纹深度标准。

为了安全起见，当出现一个磨损标记时，必须更换轮胎。

9. 车身维护

道路上的泥土、机油、空气中的污染物、鸟的粪便和腐烂的树叶会损坏车身油漆层。为了保护车身油漆层，需要经常清洗车辆并且注意以下要点：

1）请勿使用热水清洗车辆。

2）请勿使用清洗剂或洗涤液体清洗车辆。

3）在高温天气情况下，请勿在阳光直射时清洗车辆。

4）在使用软管的情况下，请勿将水直接喷向车窗、车门或天窗，或通过车轮缝隙喷到制动部件上。

5）如果车特别脏，在洗车之前，用水管冲洗掉车身上的污垢和沙砾，然后用含有高品质清洗剂和蜡液的冷水或温水洗车。必须使用大量的水以保证沙砾从车身表面上冲刷掉并且没有破坏油漆层。

6）洗车之后，用清水冲洗车身并用软布擦干。

洗车之后，检查油漆层是否损坏。如果损坏请使用油漆修补笔修补损坏的缺口和划痕。如果已经出现裸露的钢板，先使用彩色的底漆，然后加上正确的底色，最后使用油漆上漆笔。这个操作在洗车之后，抛光上蜡之前进行。更严重的油漆或车身损坏必须按照制造厂商的建议进行修理，否则防腐蚀担保将失效。

任务二　消防安全应急处理

1. 知道电动汽车起火的原因及危害。
2. 掌握灭火器的种类及使用方法。
3. 能处理消防安全突发事件。

一、电动汽车起火原因及危害

1. 电动汽车火灾危害

除动力驱动系统之外，电动汽车的其他构造与燃油汽车基本一致，因此两者的火灾危险性也大致相同。电动汽车的电气系统发生电气故障，动力系统发生机械故障，均能引发汽车火灾，与燃油汽车具有共性的火灾原因。但电动汽车火灾与燃油汽车火灾相比，具有一定的特殊性，因为它们大都是由电力驱动系统或电池引发。电动汽车燃料电池的燃料储存在压力容器内，发生碰撞后，压力容器和燃料供给系统内的燃料存在泄漏后引发爆炸和起火的危险。

2. 电动汽车火灾成因分析

下面介绍电动汽车在不同的模式下发生火灾的主要原因。

（1）正常充放电　该情况下如果发生着火，属于蓄电池本身的问题。在蓄电池连续的充放电过程中，使电池缓慢释放出氢气和氧气，由于氢气的爆炸极限比较低，如果在某个密闭空间内聚集，遇到火源时，将会产生燃烧爆炸的情况。另外由于蓄电池在充放电时，会持续地发热，如果处理不得当，随着温度的上升，可能会使蓄电池本身变形，造成电解液的泄漏，之后可能会造成短路等故障，以至于发生燃烧爆炸。

（2）正常行驶条件下　在正常行驶条件下，电动汽车发生火灾事故的可能性很小，但是相比传统汽车，增加的电池也同样的增加了电动汽车的危险系数。对于现在大部分采用锂离子蓄电池的电动汽车，大电流放电将导致电池排放大量可燃气体，而电池的温度也随之升高，电池燃烧的可能性很大。

（3）发生碰撞时　电动汽车在碰撞时，由于蓄电池受到很大的冲击力，可能发生挤压、穿刺等损坏。由于蓄电池内部压力过高，如果蓄电池本身有设计缺陷，在此极端的情况下，发生燃烧、爆炸、电击的情况就更大。尤其是锂离子蓄电池的负极材料，一旦因为电池外壳损毁而与空气接触，有极高的可能发生剧烈氧化甚至燃烧爆炸。因此，电动汽车，尤其是采用锂离子蓄电池的电动汽车，其电池组务必要设计在最不容易遭遇剧烈碰撞的地方，且必须尽可能采取各类保护措施，防止电池组在事故中直接遭受剧烈的撞击和挤压。

汽车碰撞时会发生很多不可预测的情况，对于电动汽车的安全更是如此。由于整个动力蓄电池包是由众多零件和单体蓄电池组成，某个小零件在碰撞时发生位移或者破损都会导致严重的后果。

（4）涉水时　当汽车遇到暴雨或其他涉水情况时，电池间的接线或者电机控制系统就可能会由于水或者水汽的侵蚀，造成短路，导致漏电。一旦短路，电池温度迅速升高，引起爆炸或者燃烧的可能性就很大。

二、灭火器的种类及使用方法

灭火器按所充装的灭火剂可分为：泡沫灭火器、酸碱灭火器、二氧化碳灭火器、干粉灭火器、卤代烷灭火器、清水灭火器等。

1. （手提式）泡沫灭火器适应火灾及使用方法

（1）适用范围　适用于扑救一般 B 类火灾，如油制品、油脂等火灾，也可适用于 A 类火灾，但不能扑救 B 类火灾中的水溶性可燃、易燃液体的火灾，如醇、酯、醚、酮等物质火灾；也不能扑救带电设备及 C 类和 D 类火灾。

（2）使用方法　可手提筒体上部的提环，迅速奔赴火场。这时应注意不得使灭火器过分倾斜，更不可横拿或颠倒，以免两种药剂混合而提前喷出。应距离着火点 10m 左右，即可将筒体颠倒过来，一只手紧握提环，另一只手扶住筒体的底圈，将射流对准燃烧物。在扑救可燃液体火灾时，如已呈流淌状燃烧，则将泡沫由远而近喷射，使泡沫完全覆盖在燃烧液面上；如在容器内燃烧，应将泡沫射向容器的内壁，使泡沫沿着内壁流淌，逐步覆盖着火液面。切忌直接对准液面喷射，以免由于射流的冲击，反而将燃烧的液体冲散或冲出容器，扩大燃烧范围。在扑救固体物质火灾时，应将射流对准燃烧最猛烈处。灭火时随着有效喷射距离的缩短，使用者应逐渐向燃烧区靠近，并始终将泡沫喷在燃烧物上，直到扑灭。使用时，灭火器应始终保持倒置状态，否则会中断喷射。

（手提式）泡沫灭火器存放应选择干燥、阴凉、通风并取用方便之处，不可靠近高温或可能受到暴晒的地方，以防止碳酸分解而失效；冬季要采取防冻措施，以防止冻结；并应经常擦除灰尘、疏通喷嘴，使之保持通畅。

2. 酸碱灭火器适应火灾及使用方法

（1）适应范围　适用于扑救 A 类物质燃烧的初起火灾，如木、织物、纸张等燃烧的火灾。它不能用于扑救 B 类物质燃烧的火灾，也不能用于扑救 C 类可燃性气体或 D 类轻金属火灾，同时也不能用于带电物体火灾的扑救。

（2）使用方法　使用时应手提筒体上部提环，迅速奔到着火地点。决不能将灭火器扛在背上，也不能过分倾斜，以防两种药液混合而提前喷射。在距离燃烧物 6m 左右，即可将灭火器颠倒过来，并摇晃几次，使两种药液加快混合；一只手握住提环，另一只手抓住筒体下的底圈将喷出的射流对准燃烧最猛烈处喷射。同时随着喷射距离的缩减，使用人应向燃烧处推进。

3. 二氧化碳灭火器的使用方法

灭火时只要将灭火器提到或扛到火场，在距燃烧物 5m 左右，放下灭火器拔出保险销，一手握住喇叭筒根部的手柄，另一只手紧握启闭阀的压把。对没有喷射软管的二氧化碳灭火器，应把喇叭筒往上扳 70°～90°。使用时，不能直接用手抓住喇叭筒外壁或金属连线管，防止手被冻伤。灭火时，当可燃液体呈流淌状燃烧时，使用者将二氧化碳灭火剂的喷流由近而远向火焰喷射。如果可燃液体在容器内燃烧时，使用者应将喇叭筒提起。从容器的一侧上部向燃烧的容器中喷射，但不能将二氧化碳射流直接冲击可燃液面，以防止将可燃液体冲出容器而扩大火势，造成灭火困难。

在室外使用二氧化碳灭火器时，应选择在上风方向喷射。在室内窄小空间使用的，灭火后操作者应迅速离开，以防窒息。

4. 干粉灭火器适应火灾和使用方法

干粉灭火器扑救可燃、易燃液体火灾时，应对准火焰扫射，如果被扑救的液体火灾呈流淌燃烧时，应对准火焰根部由近而远，并左右扫射，直至把火焰全部扑灭。如果可燃液体在容器内燃烧，使用者应对准火焰根部左右晃动扫射，使喷射出的干粉流覆盖整个容器开口表面；当火焰被赶出容器时，使用者仍应继续喷射，直至将火焰全部扑灭。在扑救容器内可燃液体火灾时，应注意不能将喷嘴直接对准液面喷射，防止喷流的冲击力使可燃液体溅出而扩大火势，造成灭火困难。如果可燃液体在金属容器中燃烧时间过长，容器的壁温已高于扑救可燃液体的自燃点时，极易造成灭火后再复燃的现象，若与泡沫类灭火器联用，则灭火效果更佳。

碳酸氢钠干粉灭火器适用于易燃、可燃液体、气体及带电设备的初起火灾；磷酸铵盐干粉灭火器除可用于上述几类火灾外，还可扑救固体类物质的初起火灾，但都不能扑救金属燃烧火灾。

灭火时，可手提或肩扛灭火器快速奔赴火场，在距燃烧处5m左右，放下灭火器。如在室外，应选择在上风方向喷射。使用的干粉灭火器若是外挂式储压式的，操作者应一手紧握喷枪，另一手提起储气瓶上的开启提环。如果储气瓶的开启是手轮式的，则向逆时针方向旋开，并旋到最高位置，随即提起灭火器。当干粉喷出后，迅速对准火焰的根部扫射。使用的干粉灭火器若是内置式储气瓶的或者是储压式的，操作者应先将开启把上的保险销拔下，然后握住喷射软管前端喷嘴部，另一只手将开启压把压下，打开灭火器进行灭火。有喷射软管的灭火器或储压式灭火器在使用时，一手应始终压下压把，不能放开，否则会中断喷射。

使用磷酸铵盐干粉灭火器扑救固体可燃物火灾时，应对准燃烧最猛烈处喷射，并上下、左右扫射。如条件许可，使用者可提着灭火器沿着燃烧物的四周边走边喷，使干粉灭火剂均匀地喷在燃烧物的表面，直至将火焰全部扑灭。

三、电动汽车消防安全

1. 电动汽车消防应对

《电动汽车灾害事故应急救援指南》推荐使用持续、大量的消防水作为灭火剂。

动力蓄电池有保护壳，灭火剂很难直接到达蓄电池单元，并且使用灭火剂扑灭的电池却可能会复燃。用水灭动力蓄电池着火时，应使用大量的水，水量不够会使危险的有毒气体释放。大量的水可以将蓄电池足够冷却并阻止火焰向临近单元蔓延，持续水流作用于蓄电池，可以降温并缩短灭火时间。蓄电池灭火后需长时间监视和观察任何的复燃，在自由燃烧试验中，蓄电池持续有可见火焰的时间大约为90min。

如果现场无水源且对人的生命安全、建筑物、车辆没有威胁的情况下，允许蓄电池燃烧至自我熄灭可能是灭火的一种有效选择。

2. 电动汽车驾驶过程中消防事故应急处理

（1）车辆起火　车辆行驶中机舱电器起火，主要为电机控制器出故障元件温度失控起火、电线接头接触不良、通电时打火引燃电线绝缘层破损起火及动力蓄电池内部故障起火。当出现车辆起火时，按照以下步骤冷静处理起火事故：

1）迅速停车。

2）然后切断电源。

3）取下随车灭火器。

4）依据实际情况采用不同的灭火方式。

5）在彻底检查火情时，不要与任何高压部件接触，始终使用绝缘工具进行检查。

（2）行车过程中电池发生高温、冒烟时应急措施　在行驶过程要特别注意高温报警和动力蓄电池舱，如果发现某只蓄电池的温度过高，则需停车打开蓄电池舱盖查看蓄电池，如有异味或蓄电池舱内有烟冒出，则应按照以下顺序进行处理：

1）将车辆停靠在路边。

2）切断车体高压。

3）用干粉灭火器灭火（磷酸铁锂电池可以用水、黄沙、灭火毯、土壤、干粉灭火器、二氧化碳灭火器扑灭）。如有消防队到来，尽量阻止其用水冲动力蓄电池，以防止更大规模的动力蓄电池短路造成电池燃烧发生，但在事态无法控制时，可用大量水进行处理。

行车过程中前机舱冒烟时应急措施

4）动力蓄电池着火可能需要24h才能完全扑灭。使用热成像摄像头，可以确保动力蓄电池在事故结束前完全冷却。如果没有热成像摄像头，就必须监控动力蓄电池是否会复燃。冒烟表示动力蓄电池仍然很热，监控一直要保持到动力蓄电池不再冒烟的至少一小时之后。

火灾发生时，考虑到全车通电，不要触碰车辆的任何部分。要穿上个人防护装备，包括自给式空气呼吸器。

（3）车辆发生碰撞　当车辆有发生碰撞可能时，在保证人身安全的情况下，尽量避免在动力蓄电池箱部位发生碰撞。如动力蓄电池箱部位发生碰撞导致火灾，动力蓄电池箱在火灾中弯曲、扭曲、损坏，灭火时的用水量不能太少，消防用水要有足够的量。

Project 3

项目三

电动汽车故障应急处理

任务 电动汽车无法起动应急处理

学习目标

1. 了解电动汽车整车电气系统结构。
2. 熟悉车辆仪表故障灯含义和应急处理方式。
3. 掌握整车蓄电池保养方法以及亏电处理措施。
4. 清楚电动汽车高压上电流程。
5. 掌握动力蓄电池系统和驱动电机系统常见故障。

知识储备

汽车无法起动包含两种故障情况，如下：

第一种：汽车起动不了的同时，车辆电气部件没有工作，也就是整个电气系统均无法工作。

第二种：车辆无法起动行驶。

一、整车电气系统组成

电气系统是电动汽车的"神经"，它承担着能量与信息传递的功能，对电动汽车的动力性、经济性、安全性和舒适性等有很大的影响，是电动汽车的重要组成部分。图3-1为电动汽车电气系统的结构。

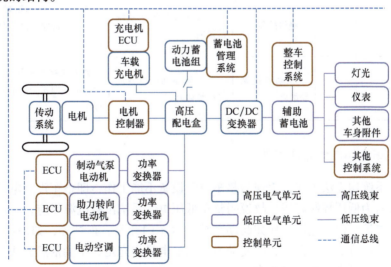

图3-1 电动汽车电气系统的结构

根据不同的电压等级和用途,电动汽车的电气系统分为低压电气系统和高压电气系统。低压电气系统采用直流 12V 或 24V 电源,一方面为灯光、刮水器等常规的低压电器提供电源,另一方面为整车控制器、高压电气设备控制器和辅助部件供电。高压电气系统主要由动力蓄电池、驱动电机和功率变换器等大功率、高电压的电气设备组成,根据车辆行驶的功率需求完成从动力蓄电池到驱动电机的能量转换与传输过程。

当车辆因为高低压电气系统而无法行驶时,仪表上会提醒相应的警告灯及文字提示,见表 3-1。

表 3-1 警告灯及文字提示

名称	符号	颜色	显示文字	点亮条件	处理方式
系统故障		红色	—	仪表与整车失去通信时,指示灯持续闪烁;车辆出现一级故障时,指示灯持续点亮	如果指示灯持续闪烁或点亮,表示车辆目前出现较为严重的故障,应立即安全停车并与授权服务商联系
		黄色	—	车辆出现二级故障时,指示灯持续点亮	如果指示灯持续点亮,表示车辆目前出现故障,应立即安全停车并与授权服务商联系
电机冷却液温度过高		—	电机冷却液温度过高	当电机或电机控制器温度过高而引起冷却液温度过高时	如果指示灯持续点亮,表示电机冷却液温度过高,应立即安全停车并与授权服务商联系
动力蓄电池断开		黄色	—	当车辆动力蓄电池断开时	如果指示灯持续点亮,应立即安全停车并与授权服务商联系
动力蓄电池故障		红色	动力蓄电池故障	当车辆动力蓄电池发生故障时	如果指示灯持续点亮,表示动力蓄电池系统发生故障,应立即安全停车并与授权服务商联系
绝缘故障	—	—	绝缘故障	当车辆发生绝缘系统故障时	如果文字提示区域显示该报警文字,应立即安全停车并与授权服务商联系
驱动电机系统故障	—	—	驱动电机系统故障	当车辆驱动电机系统发生故障时	如果文字提示区域显示该报警文字,应立即安全停车并与授权服务商联系

二、整车电气系统均无法工作

整车电气系统均无法工作,表现为整车电气设备不能工作,即整车没有电源。因为电动汽车的控制策略为低压控制高压,故说明整车低压电气系统没有电源供应,而低压电气系统通常由辅助蓄电池来供应电源,比如起动系统、汽车门开关、车灯等,如果低压供电异常,那么起动系统就没有能量来源了,即使动力蓄电池电量很充足,车辆依然无法唤醒。

造成低压供电异常的原因可能有:

1）熔丝、继电器损坏。
2）起动开关电源插头松动或损坏。
3）辅助蓄电池正负极柱连接松动或搭铁不良。
4）辅助蓄电池亏电。

1. 辅助蓄电池亏电原因

"亏电"是电池电量不足、电压偏低时强行过量放电产生的一种破坏蓄电池极板涂层的现象。任何车载电器的工作电压都有一个标准范围,超过这个范围电器容易短路甚至烧毁,低于这个范围电器无法启动或正常工作,甚至影响使用寿命。

导致辅助蓄电池亏电,进而无法充电的原因主要有:

1）长期的闲置汽车,因为汽车辅助蓄电池内部构造、比重、温度、物质不纯的原因,辅助蓄电池往往会发生自放电,一般在一天内会放掉0.5%~1%的电量,如果汽车长期闲置不用,就容易导致辅助蓄电池放电过度,无法继续充电使用情况的发生。

2）电动汽车上增加了许多用电器具,如车载电视、车载冰箱、车载吸尘器、空气净化器、车载逆变器等,一方面增加了辅助蓄电池的负荷,使辅助蓄电池放电量增大,从而更容易亏电;同时,这些电器件若发生故障也影响辅助蓄电池性能。

3）长期低速行驶,行驶路程短或电启动频繁等;或者是晚上使用时间过长,开启前照灯放电量大,很容易造成辅助蓄电池充电不足和亏电等情况。

4）某些品牌车辆出厂前进行了系统设置,规定仅在汽车起动时,动力蓄电池通过DC/DC变换器给辅助蓄电池进行充电,如果在停车前辅助蓄电池就已经亏电,而这时关闭了电动汽车,即使此时进行充电操作,也无法为辅助蓄电池进行充电。

5）某些品牌车辆系统设置可以在充电的时候为辅助蓄电池充电,但是当辅助蓄电池在极度缺电的情况下,也无法为其充电。这是因为DC/DC变换器唤醒的通路需要辅助蓄电池供电,来维持触电闭合,一旦电力不足,高压电也就无法为辅助蓄电池补电了。

2. 免维护蓄电池亏电的常规判断

1）蓄电池开路端电压低于12.3V即存在亏电现象,一般将亏电现象分为轻微亏电、中度亏电、严重亏电。

① 轻微亏电:开路端电压为11.7~12.3V。
② 中度亏电:开路端电压为10~11.7V(轻度硫化)。
③ 严重亏电:开路端电压低于10V(中度及严重硫化)。

2）蓄电池容量状态显示器(电眼)显示的颜色呈白色。

3. 补充充电方法及要求

根据充电机输出模式以及蓄电池的亏电程度在以下三种充电方法中选择适宜的充电方法:

(1)恒压充电 以恒压16V,6-QW-68蓄电池限流17A,6-QW-90蓄电池限流22A,充电4~12h。充电时间视蓄电池亏电程度而定。此充电方法适用于轻微亏电的蓄电池。

(2)分阶段恒流充电

第一阶段:

6-QW-68蓄电池以恒流7A充电至电压升至14.4V后转入下一阶段。

6-QW-90蓄电池以恒流9A充电至电压升至14.4V后转入下一阶段。

第二阶段：

6-QW-68 蓄电池以恒流 3.5A 充电 6~20h。

6-QW-90 蓄电池以恒流 4.5A 充电 6~20h。

实际充电时间视蓄电池亏电程度而定。此充电方法适用于中度亏电的蓄电池。

（3）恒流小电流充电

6-QW-68 蓄电池以恒流 3A 充电 20~40h。

6-QW-90 蓄电池以恒流 4A 充电 20~40h。

实际充电时间视蓄电池亏电程度而定。此充电方法适用于严重亏电的蓄电池。

（4）快速充电

1）快速充电仅限于电动汽车不能起动的应急措施，时间容许的条件下尽量采用普通充电。

2）快速充电电流为蓄电池容量的 3/10。

3）快速充电时间不超过 2h。

4. 充电过程注意事项

充电过程中蓄电池温度应小于 50℃，当蓄电池温度达到 45℃时，应将充电电流减半并相应延长充电时间或停机待蓄电池温度下降后再恢复充电。

5. 充电结束的判断

1）蓄电池电压大于 16V 且稳定 3h 不变化。

2）蓄电池容量显示器（俗称电眼）呈现绿色不变化。

3）必要时，旋开电眼，用密度计测量电解质密度达到 $1.28g/cm^3$ 以上且稳定不变化。

如上述三点同时达到即表明蓄电池已完成充电，可停机停止充电，蓄电池恢复正常使用。

三、车辆无法起动行驶

车辆无法起动行驶，表现为打开钥匙开关，低压电气件可正常工作，但车辆无法行驶。

1. 整车高压上电简介

下面以北汽新能源 EV200 为例，了解车辆上电过程，车辆能够行驶的条件是整车低压上电和高压上电均正常。

电动汽车的上电是通过钥匙信号来判断的，当钥匙在"ACC"位时，车内低压设备上电，灯光、喇叭及收音机电源接通；当钥匙在"ON"位时，VCU 及各子系统控制器上电复位并初始化；当钥匙旋转至"START"位时，VCU 通过 CAN 总线与蓄电池管理单元（BMS）和电机控制器（MCU）恢复通信，采集动力蓄电池组、电机及其控制器等模块的状态信息，判断是否正常，车载显示系统上电，显示整车低压设备状态信息，同时等待钥匙信号。如上述自检无故障，当钥匙旋转回至"ON"位时，VCU 发送高压接触器闭合指令，整车上电完成。

整车高压上电时，各控制器低压和高压自检完成，VCU 控制负极接触器闭合，BMS 检测到负极接触器闭合后，闭合预充继电器，动力蓄电池高压电向空调、DC/DC 变换器电机控制器等高压用电器进行预充电，如图 3-2 所示，当 VCU 检测到高压用电器电容两端的电压和动力蓄电池内部电压相差达到预设值时（这个值根据不同厂商有所不同，一般在 15V

左右），BMS控制正极接触器闭合，待高压稳定输出后（时间一般在100ms以内），预充继电器断开，整车高压上电完成。

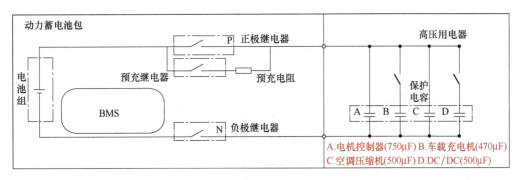

图3-2　电动汽车整车上电高压电路

2. 动力蓄电池系统常见故障

动力蓄电池系统故障按故障发生的部位可以分为三类：单体蓄电池故障、蓄电池管理系统故障、线路或连接件故障。

（1）单体蓄电池故障　单体蓄电池的故障包括以下三种：

1）蓄电池性能正常，无须更换。对应故障有单体蓄电池SOC偏低和单体蓄电池SOC偏高。如单体蓄电池SOC偏低，则该蓄电池在汽车行驶过程中，电压最先达到放电截止电压，使电池组实际容量降低，此种情况应对该单体蓄电池进行补充充电。如单体蓄电池SOC偏高，则该蓄电池在充电末期最先达到充电截止电压，影响充电容量，此种情况应对该单体蓄电池进行单独补充放电。

2）蓄电池性能衰退严重，应及时更换。对应故障有单体蓄电池容量不足和单体蓄电池内阻偏大。在蓄电池模块中，最小的单体蓄电池容量限制了整个蓄电池模块的容量，所以发生单体蓄电池容量不足故障时会影响车辆续驶里程；锂离子蓄电池内阻过大会严重影响蓄电池的电化学性能，如充放电过程中的极化严重、活性物质利用率低、循环性能差等。

3）蓄电池影响行车安全。对应故障有单体蓄电池内部短路、单体蓄电池外部短路、单体蓄电池极性装反，在强振动下锂离子蓄电池的极耳、极片上的活性物质、接线柱、外部连线和焊点可能会折断或脱落，引发单体蓄电池内部短路或者外部短路故障。

一般情况下，造成单体蓄电池前两种故障的原因可能有两个：一是动力蓄电池成组时单体蓄电池一致性问题，单体蓄电池的SOC、容量、内阻本身就有差异；二是单体蓄电池在成组应用过程中由于应用环境差异（如温度、充放电电流）导致的一致性差异增加，加剧单体蓄电池的不一致性。

（2）蓄电池管理系统（BMS）故障　BMS对于保障电池组的安全和使用寿命，最大限度发挥蓄电池系统效能具有重要作用。BMS一般对单体蓄电池电压、总电压、总电流和温度等进行实时监控采样，并将实时参数反馈给VCU。BMS除对蓄电池性能参数进行监控、实施电性能管理以外，还具备以热管理为主的应用环境管理，实施对电池的加热和冷却，保证电池的良好应用环境温度以及温度场的一致性。如果BMS发生故障，就失去了对电池的监控，无法估计蓄电池的SOC，容易导致电池过充电、过放电、过载、过热以及不一致性问题的增加，影响蓄电池的性能、使用寿命和行车安全。

BMS故障包括CAN通信故障、总电压测量故障、单体蓄电池电压测量故障、温度测量故障、电流测量故障、继电器故障、加热器故障和冷却系统故障等。

（3）线路或连接件故障　线路或连接件故障的诊断对于保证行车安全和整车的可靠性同样重要。例如，由于车辆的振动，蓄电池间的连接螺栓可能会出现松动，蓄电池间接触电阻增大，发生蓄电池间虚接故障，导致蓄电池组内部能量损耗增加，造成车辆动力不足和续驶里程短，在极端情况下还能导致高温，产生电弧，融化蓄电池电极和连接片，甚至造成蓄电池着火等极端电池安全事故。

在电动汽车运行过程中，单体蓄电池之间可能出现相对跳动，造成两蓄电池间的连接片折断。蓄电池箱与电动汽车的电气连接也是故障的高发点，电插接器在经历长时间振动后容易虚接，出现易烧蚀、接触不良等故障。

动力蓄电池系统造成车辆无法起动行驶的原因见表3-2。

表3-2　动力蓄电池系统故障现象及原因

故障类型	故障现象	故障原因
线路或连接件	车辆无法起动行驶	① 电池间断路 ② 快速熔断器断开 ③ 动力电插接器断开 ④ 正极接触器故障 ⑤ 负极接触器故障

3. 电机驱动系统常见故障

电机驱动系统的故障主要分为电机故障和电机控制器故障。

1）电机是电能与机械能转换，实现车辆驱动的关键部件，是典型的机电混合体。电机故障涉及因素很多，如电路系统、磁路系统、绝缘系统、机械系统和通风散热系统等。一般来说，电机的故障可分为机械故障和电气故障。

① 机械方面的故障主要有定子铁心损坏、转子铁心损坏、轴承损坏和转轴损坏，其故障原因有振动、润滑不充分、转速过高、静载过大、过热而引起的磨损、压痕、腐蚀、电蚀和开裂等。

② 电气方面的故障则主要是定子绕组故障和转子绕组故障，故障原因有电机绕组接地、短路、断路、接触不良和鼠笼断条等。

2）电机控制器的故障主要有IGBT故障、输入电源线与接地线故障、整流二极管短路、直流母线接地错误、直流侧电容短路、晶闸管短路、温度超限报警、相电流过电流、过电压和欠电压等高压电气系统故障。

电机系统造成车辆无法起动行驶的原因见表3-3。

表3-3　电机系统故障现象及原因

序号	故障现象	故障原因
1	电机在空载时不能起动	① 电源未接通 ② 逆变器控制原因 ③ 定子绕组故障（断路、短路、接地和连接错误等） ④ 电源电压太低

（续）

序 号	故障现象	故障原因
2	电机通电后，电机不起动，"嗡嗡"响	① 定子、转子绕组断路 ② 绕组引出线始末端接错或绕组内部接反 ③ 电机负载过大或被卡住 ④ 电源未能全部接通
3	绝缘电阻值低	① 绕组受潮或被水淋湿 ② 绕组绝缘粘满粉尘、油垢 ③ 引出线绝缘老化破裂 ④ 绕组绝缘老化
4	高压欠电压	电动状态下高压回路非正常断开
5	高压过电压	发电状态下高压回路非正常断开
6	系统上电自检异常	① VCU 发送报文失败 ② 网络信号线束问题 ③ 低压接插件接触不良 ④ CAN 网络受干扰严重 ⑤ 低压供电线路故障 ⑥ MCU 软件与硬件版本不匹配
7	旋转变压器检测异常	① 旋转变压器线束损坏 ② 旋转变压器解码硬件电路损坏
8	电机温度检测异常	① MCU 内部硬件电路故障或线束损坏 ② MCU 软件与硬件版本不匹配

4. 机械故障

在纯电动汽车机械传动部分的设计上，现代车企一般将减速器与驱动电机作为一体或直接相连，取消了传统变速器。当装配调整不当或驾驶人操作不当时，容易造成花键磨损，甚至造成机件的损坏，从而使减速器产生故障，影响动力的输出，最终导致车辆无法行驶。

Project 4

高压作业安全防护

项目四 高压作业安全防护

任务一 高压个人防护用具的使用

学习目标

1. 了解常见的高压个人防护用具类型。
2. 了解高压个人防护用具的绝缘等级要求。
3. 掌握高压个人防护用具的检查方法。
4. 能够正确穿戴个人防护用具。

知识储备

电动汽车的危险系数很高,在维修过程中必须做好高压安全防护。电动汽车的维护需要使用专业的设备,包括个人防护用具、专用维修工具和专业检测设备等。

在进行电动汽车维修作业时,维修工必须要穿戴好绝缘手套、护目镜、安全帽、维修工服和绝缘鞋(靴)等个人防护用具。

一、绝缘手套

绝缘手套是起电气绝缘作用的一种绝缘手套,如图4-1所示。区别于一般的劳保用安全防护手套,绝缘手套要求具有良好的电气性能(至少应该能防1000V以上的高压)、较高的机械性能及良好的耐老化和耐热性能。

绝缘手套可以使人的两手与带电体绝缘,防止人手触及同一电位带电体或同时触及同一电位带电体或同时触及不同电位带电体而触电,在现有的绝缘安全用具中,使用范围最广,用量最多。按所用的原料可分为天然橡胶绝缘手套和合成橡胶绝缘手套两大类。

1. 绝缘手套标记

根据相关规定,绝缘手套的每只手套上必须有明显且持久的标记,如图4-2所示,内容包括标记符号、使用电压等级/类别、制造单位或商标、规格型号、周期试验日期栏、检验合格印章、贴有经试验单位定期试验的合格证等信息。

图4-1 绝缘手套

2. 绝缘手套等级

绝缘手套按照不同电压等级可分为多个级别,见表4-1,在进行电动汽车维修作业时,

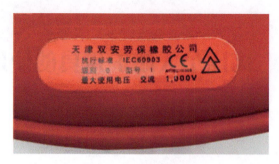

图 4-2 绝缘手套标记

选用级别为 0 的绝缘手套即可满足需求。

表 4-1 适用于不同电压等级的绝缘手套

级别	GB/T 17622—2008 带电作业用绝缘手套								
	交流试验						直流试验		
	验证试验电压/kV	最低耐受电压/kV	验证电压下泄漏电流*/mA				验证试验电压/kV	最低耐受电压/kV
			手套长度/mm					
			280	360	410	≥460		
0	5	10	12	14	16	18	10	20
1	10	20	N/a	16	18	20	20	40
2	20	30	N/a	18	20	22	30	60
3	30	40	N/a	20	22	24	40	70
4	40	50	N/a	N/a	24	26	60	90

注：1. N/a 表示无适用值。
  2. 在正常使用时，其泄漏电流值会比试验值要小，因为试验时试品与水的接触面积比在进行带电作业时的接触面积大，并且验证试验电压比最大使用电压要高。
  3. 对于预防性试验（手套没有经过预湿处理），泄漏电流规定值应相应降低 2mA。
* 本表中所规定的泄漏电流值仅适用于绝缘手套，对复合绝缘手套另有规定。

3. 绝缘手套的使用要求

在使用绝缘手套时，应按 GB 26860—2011《电力安全工作规程 发电厂和变电站电气部分》中的有关规定进行试验。绝缘手套的试验每半年检查一次，试验电压（交流）高压绝缘手套是 8kV，泄漏电流不大于 9mA；试验电压低压绝缘手套是 2.5kV，泄漏电流不大于 2.5mA。如不符合要求，应立即停止使用。

1）使用经检验合格的绝缘手套（每半年检验一次）。

2）佩戴前还要对绝缘手套进行气密性检查，具体方法：将手套从口部向上卷，稍用力将空气压至手掌及指头部分，检查有无漏气，如有则不能使用。

3）使用时注意防止尖锐物体刺破手套。

4）使用后注意存放在干燥处，并不得接触油类及腐蚀性药品等。

5）绝缘手套使用前应进行外观检查，如发现有发黏、裂纹、破口（漏气）、气泡、发脆等损坏时禁止使用。

6）进行设备验电、放电操作，装拆接地线等工作应戴绝缘手套。

7）使用绝缘手套时应将上衣袖口套入手套筒口内。

二、护目镜

在电动汽车维修工作中，高压部件相互接触时会发出电弧光，产生的热度高、亮度大，因而会对眼睛造成伤害。若这种电弧光照射到眼睛上，会造成眼球表面细胞组织的损伤，使表皮细胞脱落，损害眼睛表层的保护膜，眼睛会感到像刀割一样的疼痛，进而会有流眼泪、睁不开眼、怕光的症状，特别是在晚上疼痛会更厉害。因此，佩戴护目镜是必不可少的一种防护措施，护目镜实物如图 4-3 所示。

佩戴护目镜的注意事项：
1）选择护目镜应根据脸型判断规格大小。
2）护目镜可调节头带，进而调整与面部的合适程度。
3）选用的护目镜要选用经产品检验机构检验合格的产品。
4）镜片磨损粗糙、镜架损坏会影响操作人员的视力，此时应及时调换。
5）护目镜要专人使用，防止传染眼疾。
6）焊接护目镜的滤光片和保护片要按规定作业需要选用和更换。
7）防止重摔重压，防止坚硬的物体摩擦镜片和面罩。
8）佩戴护目镜时可以佩戴其他眼镜。

三、安全帽

安全帽实物如图 4-4 所示，作为一种个人头部防护用品，能有效地防止和减轻操作人员在生产作业中遭受坠落物体或自己坠落时对头部的伤害。如果佩戴和使用不正确会导致安全帽在受到冲击时起不到防护作用。

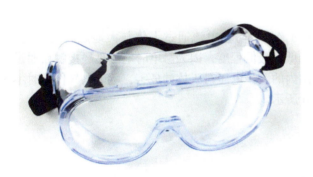

图 4-3　护目镜　　　　　　　　　　图 4-4　安全帽

佩戴安全帽前应将帽后调整带按自己头型调整到适合的位置，然后将帽内弹性带系牢。缓冲衬垫的松紧由内弹性带调节，人的头顶和帽体内顶部的空间垂直距离一般在 25～50mm，不小于32mm 为好。这样才能保证当遭受到冲击时，帽体有足够的空间可供缓冲，平时也有利于头和帽体间的通风。

不要把安全帽歪戴，也不要把帽檐戴在脑后方。否则，会降低安全帽对于冲击的防护作用。

安全帽的下颌带必须扣在颌下，并系牢，松紧要适度。这样不至于被大风吹掉，或者是被其他障碍物碰掉，或者由于头的前后摆动，使安全帽脱落。

由于安全帽在使用过程中，会逐渐损坏。所以要定期检查，检查有没有龟裂、下凹、裂痕和磨损等情况，发现异常现象要立即更换，不准再继续使用。任何受过重击、有裂痕的安全帽，不论有无损坏现象，均应报废。

严禁使用只有下颌带与帽壳连接的安全帽，也就是帽内无缓冲层的安全帽。施工人员在现场作业时，不得将安全帽脱下，搁置一旁或当坐垫使用。

由于安全帽材料是高密度低压聚乙烯塑料，具有硬化和变蜕的性质，所以不易长时间地在阳光下暴晒。

新领的安全帽，首先检查是否有劳动部门允许生产的证明及产品合格证，再看是否破损、薄厚不均，缓冲层及调整带和内弹性带是否齐全有效，如不符合规定要求应立即调换。

在室内带电作业时，更要认真戴好安全帽，因为安全帽不但可以防碰撞，而且还能起到绝缘作用。

平时使用安全帽时应保持整洁，不能接触火源，不要任意涂刷油漆。

四、维修工服

维修工服不仅能给电动汽车操作人员提供安全保障，还能反映员工精神风貌，体现企业的文化内涵，提升企业形象。

维修工服面料应当选择防静电、耐摩擦的面料。款式要求下摆、袖口、裤腿都是可以扣起来的，这样能有效地减少衣服卡入车辆缝隙中的概率，提高了作业的安全性。另外，工服色泽以深色为宜，如图4-5所示。

五、绝缘鞋

绝缘鞋（靴）的作用是使人体与地面绝缘，防止电流通过人体与大地之间构成通路，对人体造成电击伤害，把触电时的危险降低到最低程度，因为触电时电流是经接触点通过人体流入地面的。它还能防止试验电压范围内的跨步电压对人体的危害，所以电气作业时不仅要戴绝缘手套，还要穿绝缘鞋，如图4-6所示。

图4-5　维修工服

图4-6　绝缘鞋

根据耐压范围不同有 20kV、6kV 和 5kV 几种绝缘鞋，使用时须根据作业范围选择。绝缘鞋应经常检查和维护，如受潮或磨损严重，就无法起到保护作用。

具体使用注意事项如下：

1）电绝缘鞋主要技术参数：实验电压 6kV、泄漏电流≤1.8mA，持续 1min 时间不击穿。

2）6kV 牛革面绝缘鞋，适用于工作环境 1kV 以下时穿着，工作时作为辅助安全用具和劳动保护用品鞋使用。在使用时，必须严格遵守电业安全工程规程的规定。

3）穿用电绝缘鞋时其工作环境应保持鞋面干燥。

4）严禁与锐器、高温、酸碱类或其他腐蚀性物品接触，凡帮底有腐蚀、破损之处，均不能再当电绝缘鞋使用。

5）在储存时，应存放在干燥通风的仓库内，防止霉变，堆放应离地面、墙壁 0.2m 以上。储存期为 24 个月，超过 24 个月的绝缘鞋须进行预防性电性能检验。

任务二　高压作业前准备工作

学习目标

1. 知道高压防护设备、高压测量设备的作用及防护等级。
2. 能够认知绝缘万用表功能按钮含义并能够操作使用。
3. 能够认知交直流钳形电流表功能按钮含义并能够操作使用。
4. 掌握放电工装的使用方法。

一、常见绝缘维修工具

电动汽车维修需要使用绝缘工具，常见的绝缘维修工具见表 4-2。

表 4-2　绝缘维修工具

| 防爆绝缘套筒头 | 防爆绝缘一字螺钉旋具 | 绝缘尖嘴钳 |

(续)

绝缘耐压钢丝钳	绝缘耐压斜嘴钢丝钳	绝缘开口扳手
弯刃、直刃绝缘电缆刀	8件10MM六角套筒	
六角旋具套筒（4、5、6、8MM）	T形柄/接杆/快速脱落棘轮扳手	

二、电动汽车专业检测设备介绍

1. 绝缘万用表

电动汽车维修与燃油汽车有很大的区别，电动汽车维修更多地需要测试控制器和执行器的运行数据，根据数据来判断车辆的故障原因。

电动汽车引入高压系统，因此高压线束必须具备一定的绝缘阻值才能保证用户及维修人员的人身安全。测量高压线束绝缘阻值是否达到标准，需要采用绝缘万用表，如图4-7所示。与传统的万用表相比，绝缘万用表具备绝缘测试功能，且数值精度更高。

Fluke 1587 绝缘万用表把数字绝缘测试仪和功能齐全、高精度的数字万用表合二为一，组成了一款外形精巧的手持设备，从而提供了众多用于故障诊断和预防性维护的功能，其技术指标见表4-3。

（1）仪表结构介绍

1）旋转开关，各档位说明见表4-4。

图4-7 绝缘万用表（Fluke 1587）

表4-3　Fluke 1587 绝缘万用表技术指标

DC 电压	最大电压/V	1000	电阻	最大电阻/MΩ	50
	精确度	±(0.09% +2)		精确度	±(0.9% +2)
	最大分辨率/V	0.001		最大分辨率/Ω	0.1
AC 电压	最大电压/V	1000	电容	最大电容/μF	9,999
	精确度	±(2% +3)		精确度	±(1.2% +2)
	AC 带宽/kHz	5		最大分辨率/nF	1
	带低通滤波器	3db@800Hz	频率	最大频率/kHz	100
	最大分辨率/mV	0.1		精确度	±(0.1% +1)
DC 电流	最大电流/mA	400		最大分辨率/Hz	0.01
	电流精确度	±(0.2% +2)	温度测量	-40.0~537℃	
	最大分辨率/mA	0.01		-40.0~998℉	
AC 电流	最大电流/mA	400		不包括探针	
	电流精确度	±(1.5% +2)	二极管测试	范围/V	6
	最大分辨率/mA	0.01		分辨率/mV	1
	—	—		精确度	±(2% +3)

表4-4　旋转开关说明

旋转开关档位	测量功能
$\widetilde{V}$	30.0mV~1000V 的交流电压
LO	交流电压，带有 800Hz VFD 低通滤波器
$\overline{V}$	1mV~1000V 的直流电压
$\overline{mV}$	DC mV（直流毫伏），0.1mV~600mV

45

（续）

旋转开关档位	测量功能
🌡	温度范围：从 –40 ~ 537℃（–40 ~ 998 ℉）
Ω	电阻：0.1Ω ~ 50MΩ
⊣⊢	电容：1nF ~ 9999μF
)))	通断性测试：蜂鸣器在被测物体电阻 <25Ω 时打开，在 >100Ω 时关闭
▸⊢	二极管测试：此功能无量程。超过 6.600V 将显示 OL
mA	AC mA（交流毫安），3.00 ~ 400mA（600mA 过载最长达 2min） DC mA（直流毫安），0.01 ~ 400mA（600mA 过载最长达 2min）
INSULATION	电阻：0.01MΩ ~ 2GΩ。关闭仪表时，最后选择的输出电压设置会保留在内存中。使用以下电源执行绝缘测试：50V、100V、250V、500V（默认）和 1000V 电源

2）功能按钮，按钮含义见表 4-5。

表 4-5　功能按钮说明

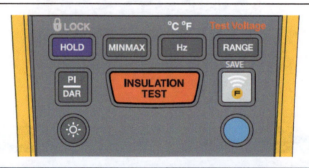

功能按钮	描　　述
HOLD	按下时将使显示值保持不变，再次按下将释放显示值。当读数改变时，显示屏会自动更新，仪表发出蜂鸣声
MINMAX	按下该按钮将保留最大值、最小值和平均值，连续按下可显示最大值、最小值、平均值和当前值。按住该按钮将取消 MIN、MAX、AVG（Average）功能
Hz	激活频率测量功能。切换摄氏度和华氏度
RANGE	将量程模式从自动（默认）改为手动；在某一功能的可用量程之间切换；按住该按钮将返回自动量程模式；在"绝缘测试"模式中用于切换可用电源电压

（续）

功 能 按 钮	描　　述
INSULATION TEST	当旋转开关位于"绝缘"档位时将对绝缘测试进行初始化。将使仪表获取（输出）高压，并测量绝缘电阻

3）输入端子。输入端子含义见表4-6。

表4-6　输入端子说明

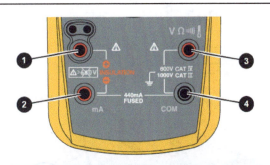

项　　目	说　　明
输入端子1	用于绝缘测试的⊕输入端子
输入端子2	用于绝缘测试的⊖输入端子
输入端子3	电压、通断性、电阻、二极管、频率和温度测量的输入端子
输入端子4	用于绝缘测试以外的所有测量的公共（返回）端子

（2）功能测量说明

1）电压、电阻测量，如图4-8所示。电压、电阻的测量与传统万用表使用方法一致，在连接测试引线到电路或设备时，先连接公共（COM）测试引线，再连接带电的引线。在断开测试引线时，先断开带电的引线，再拆除公共测试引线。

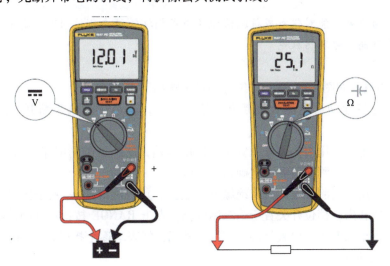

图4-8　电压、电阻测量

2）温度测量，如图4-9所示。在电动汽车维修过程中，动力蓄电池系统、驱动电机系统会涉及温度测量。因此，掌握其使用方法也是必备的职业技能之一。

注意：为防止可能对仪表或其他设备造成损坏，请注意仪表的额定温度使用范围。为防止电击危险，请勿将热电偶连接到通电电路。

图4-9 温度测量

3）通断性测试，如图4-10所示。通断性测试利用蜂鸣器的声音来表示电路导通。蜂鸣器会在检测到短路（<25Ω）时发出声音。通断性测试只能用于汽车维修故障点定性分析推断，有时由于待测电路存在粘连现象（开关一直闭合，无法断开），因此会产生现象误判。

注意：为避免可能对仪表或被测试设备造成损坏，请在测试通断性之前断开电路的电源并对所有高压电容器放电。

4）绝缘测量，如图4-11所示。绝缘测量步骤如下：

第一步：先将辅助蓄电池负极断开，绝缘处理，再将待测电路断开，注意高压安全防护。

第二步：将绝缘万用表档位开关置于直流电压档，正、负极测试探头/夹子分别置于右侧上下两个测量孔内，测量所测部位确认无高压。

第三步：采用双线测量方式，将绝缘万用表正、负极测试探头/夹子拔出后重新置于左侧上下两个测量孔内，档位开关置于绝缘测试档，点击RANGE按钮选择测试电源500V。

第四步：将绝缘万用表黑表笔接于车身或外壳，红表笔逐个接触待测端子，点击INSULATION TEST按钮开始测量。

第五步：测试完毕后将绝缘万用表档位开关置于OFF位，恢复归整测试探头/夹子。

项目四 高压作业安全防护

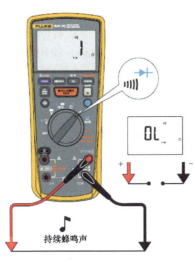

图 4-10 通断性测试

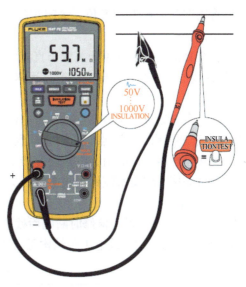

图 4-11 绝缘测量

2. 交直流钳形表

通常用普通电流表测量电流时，需要将电路切断停机后才能将电流表接入进行测量。钳形电流表是由电流互感器和电流表组合而成。电流互感器的铁心在捏紧扳手时可以张开。被测电流所通过的导线可以不必切断就可穿过铁心张开的缺口，当放开扳手后铁心闭合。实训时推荐使用 Fluke 342 交直流钳形表，其结构及功能见表 4-7，下述内容以此为例介绍。

（1）仪表结构介绍 使用时需要注意以下问题
1）请勿在爆炸性气体、蒸气、潮湿环境中使用。
2）如果长时间不使用或将其存放在高于 50℃ 的环境中时，请取出钳形表电池。
3）使用时将手握于产品的安全挡板后面。
4）本产品仅适用于 9V 的碱性电池。

表 4-7 Fluke 342 交直流钳形表的结构及功能

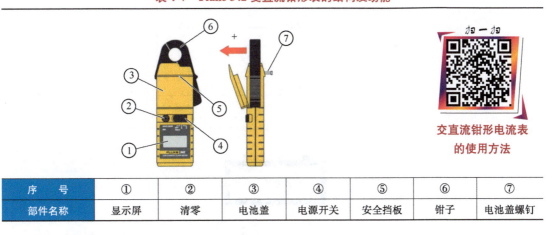

交直流钳形电流表的使用方法

序号	①	②	③	④	⑤	⑥	⑦
部件名称	显示屏	清零	电池盖	电源开关	安全挡板	钳子	电池盖螺钉

（2）功能测量说明 静态电流测量操作步骤如下：

1）将钥匙开关置于 OFF 位，关闭车门、行李箱及所有用电设备，确认车内所有用电设备处于关闭状态。

2）将交直流钳形表电源开关置于直流档，观察显示屏数值是否为零。若因热和其他环境条件导致数值非零时，则应确保产品远离带电导线及钳口处于闭合状态，使用自动清零按钮调到零点。

3）将交直流钳形表钳口套住辅助蓄电池负极与接地点导线，确保钳口的闭合面接触良好，导线位于环形钳口中心点，否则会导致数值失准。

4）观察显示屏测试数值，电流会逐步下降，1min 之后再开始读数。

5）测试完毕后将交直流钳形表电源开关置于 OFF 位，恢复归整仪表。

3. 放电工装

放电工装用于电气设备检修时断电后残余电荷的释放。

（1）仪表结构介绍　放电工装结构见表 4-8。

表 4-8　放电工装结构

放电工装使用方法介绍

工具名称	产品型号	功率损耗/W
放电工装	TC-6010	<8
放电电压/V	放电电阻/kΩ	电阻精度
≤600	100	±5%

（2）功能测量说明　功能检查操作步骤如图 4-12 所示。

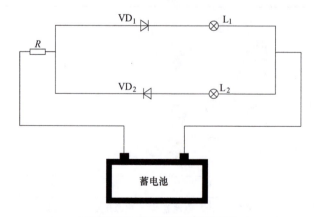

图 4-12　放电工装电路简图

1）将金属便携箱打开取出放电工装，首先进行外观检查，检查导线及测试笔有无破裂、折断，仪表本体有无磕碰、损伤。

2）开启车辆前机舱盖，将放电工装红、黑测试笔分别对准辅助蓄电池正、负极（负、正极）柱头，保证测试笔与柱头接触面良好，此时指示灯闪亮。

3）将放电工装红、黑测试笔分别对调测试辅助蓄电池正、负极柱头，观察指示灯的变化。

任务二　高压断电操作

1. 树立高压安全防护意识。
2. 掌握维修开关的拆卸方法。
3. 能够规范地完成电动汽车高压断电操作。

一、电工作业安全规定

1. 电工作业管理措施

从事电工工作的人员为特种作业人员，必须经过专门的安全技术培训和考核，经考试合格取得国家安全生产监督管理总局核发的《特种作业操作证》后，才能独立作业。

电工作业人员要遵守电工作业安全操作规程，坚持维护检修制度，特别是高压检修工作的安全，必须坚持工作票、工作监护等工作制度。

2. 特种作业操作证

特种作业操作证由安全生产监督管理部门核发，特种作业人员经培训、考核合格后发证。特种作业操作证是国家为了规范特种作业人员的安全技术操作，提高特种作业人员的安全技术水平，防止和减少伤亡事故的基本依据。

特种作业操作证每3年复审1次，特种作业人员在特种作业操作证有效期内，连续从事本工种10年以上，严格遵守有关安全生产法律法规的，经原考核发证机关或者从业所在地考核发证机关同意，特种作业操作证的复审时间可以延长至每6年1次。

生产经营单位使用未取得特种作业操作证的特种作业人员上岗作业的，责令限期改正，可以处5万元以下的罚款；逾期未改正的，责令停产停业整顿，并处5万元以上10万元以下的罚款，对直接负责的主管人员和其他直接责任人员处1万元以上2万元以下的罚款。

3. 高压安全要求

电动汽车中，高压电气系统的工作电压在数百伏，较高的工作电压对电源系统与车辆底盘之间的绝缘性能提出了更高要求。

高压电缆线绝缘介质老化或受潮湿环境影响等因素都会导致绝缘性能下降，蓄电池组自身产生的漏液、受潮等，也会导致绝缘程度下降。电源正负极引线或蓄电池通过受潮绝缘层和底盘构成漏电回路，使底盘电位上升，不仅将影响低压电气和车辆控制器的正常工作，而且会危及乘客的人身安全。当高压电路和底盘发生多点绝缘性能严重下降时，还会导致漏电回路的热积累效应，可能造成车辆的电气火灾。因此，高压电气系统相对车辆底盘的电气绝缘性能的实时检测是电动汽车电气安全技术的核心内容，对乘客安全、电气设备正常工作和车辆的安全运行具有重要意义。

1）对于电动汽车的高压电系统和自动断路器的工作状态及功能的监测，需要检测的参数可以分成以下几类：

① 高压电气参数：高压系统电压、电流，高压总线剩余电量。
② 高压电路参数：动力蓄电池绝缘电阻、高压总线等效电容。
③ 非电测量参数：环境温度和湿度。
④ 数字测量参数：主要是开关量的输入和输出。

2）根据电动汽车和人体安全标准，在最大交流工作电压小于660V，最大直流工作电压小于1000V 以及整车质量小于3500kg 的条件下，电动汽车的高压安全要求如下：

① 人体的安全电压低于36V，触电电流和持续时间乘积的最大值小于30mA·s。
② 绝缘电阻除以电池的额定电压至少应该大于100Ω/V，交直流组合电路绝缘阻值应大于500Ω/V。
③ 对于各类蓄电池，充电电压不能超过上限电压，一般最高不超过额定电压的30%。
④ 对于高于60V 的高压系统的上电过程至少需要100ms，在上电过程中应该采用预充电过程来避免高压冲击。
⑤ 在任何情况下继电器断开时间应该小于20ms，当高压系统断开后1s 内，电动汽车的任何导电的部分和可接触的部分对地电压峰值应小于42.4V（AC）/60V（DC）。

二、高压断电操作

1. 快速熔断器

熔断器是指当电流超过规定值时，以本身产生的热量使熔体熔断，断开电路的一种电器。熔断器广泛应用于高低压配电系统和控制系统以及用电设备中，作为短路和过电流的保护器，是应用最普遍的保护器件之一。

快速熔断器主要用于半导体整流元件或整流装置的短路保护。由于半导体元件的过载能力很低，只能在极短时间内承受较大的过载电流，因此要求短路保护具有快速熔断的能力。快速熔断器的结构和有填料封闭管式熔断器基本相同，但熔体材料和形状不同，它是用银片冲制的有 V 形深槽的变截面熔体。

以北汽新能源 EV200 为例，维修开关采用巴斯曼生产制造的快速熔断器，如图 4-13 所示，安装在动力蓄电池系统中，属于物理性电路开关。其主要功能是在电动汽车维修作业时，将动力蓄电池系统内 340V 左右的电压分成大体相等的两部分，每部分约 170V，目的是

项目四 高压作业安全防护

图 4-13 维修开关

保证维修作业人员的人身安全。北汽新能源 EV200 维修开关的产品参数见表 4-9，安装在后排座椅地垫下面中间位置。维修开关顶部标注"小心触电""有电危险""请根据使用说明书操作"标识。维修开关设置二级锁止机构，依次解除锁扣拔下维修开关，禁止越级徒手或强行蛮力拆卸。

表 4-9 产品参数

电流额定值/A	250	电压额定值/V	AC 690
安装风格	螺丝拧紧	端接类型	螺纹插座
类型	快速熔断器	商标	Bussmann

2. 高压断电操作流程

1）设立安全监护人、持证（低压电工证）上岗设立安全监护人，实操人员持有国家安全生产监督管理总局颁发的特种作业操作证。若实操人员暂无证书，则实训教师必须在场指导，确保人身安全。

2）作业前现场环境检查。设立隔离柱，布置警戒线，隔离间距保持在 1~1.5m。

张贴标注"高压危险""有电危险""禁止合闸"等警示牌，防止他人误碰。

高压断电操作流程

检查维修工位绝缘地垫是否破损脏污，若破损脏污严重，则停止维修作业，及时清理或更换绝缘地垫。

3）作业前防护用具检查。

① 检查绝缘手套外观是否龟裂老化，气密性是否良好。
② 检查护目镜镜面是否有划痕裂纹，镜带是否松弛失效。
③ 检查安全帽外观有无破损，佩戴时必须紧固锁扣。
④ 检查绝缘安全鞋外观是否良好，是否有开胶断底等现象，如果有则更换。

4）作业前仪表工具检查。

① 将维修工具车及工具放置在车辆左前方位置，检查三件套等防护套是否齐全。
② 检查绝缘万用表测试线束及表笔是否破损折断，功能按钮是否正常显示。
③ 检查绝缘工具外观绝缘层是否破损严重，工具数量是否有缺失。

④ 检查放电工装测试线束及表笔是否破损折断，功能是否正常。

5）关闭钥匙开关，钥匙安全存放。关闭车辆钥匙开关，将车钥匙锁入维修柜或由实操人员保管，保证他人无法接触。按照对角线方向，分别在前后车轮位置安装车轮挡块。

6）充电口封闭，断开辅助蓄电池负极，快、慢充电口需用醒目的黄黑胶带封闭，并等待 5min 以上。

7）拆卸维修开关并安全存放。拆除后排座椅及地板胶，佩戴绝缘手套，使用绝缘工具拆卸维修开关遮板固定螺栓，拆下维修开关。将维修开关锁入维修柜安全存放，并在拆除后的相应位置放置标有"有电危险"的警示牌。

8）平稳举升车辆，测试绝缘地垫绝缘电阻。检查龙门式举升机，确认举升装置无误后平稳举升车辆。测试绝缘地垫五个方位的绝缘阻值是否 ≥2.0GΩ（1000V 测试），若绝缘阻值不合格，则禁止维修作业。

9）断开动力蓄电池高低压插接件，并验电、放电，拆卸动力蓄电池插接器遮板，注意先断开动力蓄电池低压线束插件，再断开动力蓄电池高压输出电缆插件。高压电缆端设置三级锁止机构，禁止越级徒手或强行蛮力拆卸。电源侧及负载侧完成验电、放电操作后，需对高压端进行绝缘处理。

三、高压安全操作注意事项

1. 高压操作注意事项

1）严禁非专业人员对高压部件进行移除及安装。

2）未经过高压安全培训的维修人员，不允许对高压部件进行维护。

高压安全操作
注意事项

3）车辆在充电过程中不允许对高压部件进行移除、维护等工作。

4）对高压部件进行作业前，必须确认车辆钥匙处于 LOCK 档位并将辅助蓄电池负极断开。

5）高压部件打开后或插头断开后，使用万用表对其电压进行测量，电压在 36V 以下时才可以进行下一步的操作。

2. 电动汽车作业十不准

1）非持证（特种作业操作证）电工人员不准装接电动汽车高压电气设备。

2）任何人不准玩弄电气设备和开关。

3）破损的电气设备应及时调换，不准使用绝缘损坏的电气设备。

4）不准利用车身电源对电动汽车以外的用电设备供电。

5）设备检修切断电源时，任何人不准启动挂有警告牌的电气设备，或合上拔去的熔断器。

6）不准用水冲洗揩擦电气设备。

7）熔丝熔断时，不准调换容量不符的熔丝。

8）不经技术部门或主管部门审批，不准私自改动和加装。

9）发现有人触电，应立即切断电源进行抢救，未脱离电源前不准直接接触触电者。

10）雷雨天气，禁止室外对车辆充电和维修维护。

Project 5

项目五

高压系统的认知

任务一 电动汽车高压部件的识别

学习目标

1. 掌握电的基础知识。
2. 认识纯电动汽车高压部件。
3. 掌握纯电动汽车高压部件的工作原理。
4. 掌握纯电动汽车高压部件的功能。

一、纯电动汽车用电基础

纯电动汽车用电分为低压用电部分和高压用电部分。低压用电部分由辅助蓄电池或者 DC/DC 变换器进行供电，供电电压一般在 12～14V，主要用于汽车时钟、仪表盘显示、车身 ECU 存储器、传感器、继电器、电子音响系统及防盗报警系统等；高压用电部分由动力蓄电池进行供电，供电电压一般在 200～400V（不同品牌型号汽车的电压值不同，取决于电池材料和蓄电池组单体数量），主要用于纯电动汽车的高压控制系统、驱动电机系统和空调系统等。

1. 北汽新能源 EV200 低压用电部分

北汽新能源 EV200 纯电动汽车低压供电系统如图 5-1 所示，主要由辅助蓄电池和 DC/DC 变换器组成。

1）辅助蓄电池。当前汽车上应用最广泛的辅助蓄电池一般为铅酸蓄电池，是一种将化学能转变为电能的装置，属于可逆的直流电源。与传统能源汽车上所用的蓄电池作用和工作原理相同。

图 5-1 北汽新能源 EV200 低压供电系统

2）DC/DC 变换器。纯电动汽车的特点就是带有高压动力回路，同时低压 12V 的辅助蓄电池也保留在车上，纯电动汽车取消了发电机，所有的动能来源都是通过电能转化的，所以低压 12V 电气系统的供电与辅助蓄电池的充电是通过三百多伏的高压直流电转化而来的，这个转化装置就是 DC/DC 变换器。纯电动汽车使用的 DC/DC 变换器主要使用的是降压 DC/DC 变换器，所以在使用过程中，一方面 DC/DC 变换器是低压用电设备的供电装置，另一方面也是高压用电设备。

2. 北汽新能源 EV200 高压用电部分

1）动力蓄电池是提供整车动力能源的设备，根据电池种类的不同可分为锂离子蓄电池、镍氢蓄电池和铅酸类蓄电池。

北汽新能源 EV200 采用三元锂电池，电池组放置在一个密封并且屏蔽的动力蓄电池箱体里面，如图 5-2 所示。动力蓄电池箱体的作用是承载并保护动力蓄电池组及其内部的电气元件。因此，需要动力蓄电池箱体具有较高的强度和刚度并且防尘防水。电池箱体的防护等级为 IP67。

图 5-2　北汽新能源 EV200 动力蓄电池

2）北汽新能源 EV200 通电启动之后，动力蓄电池的对外输出分为两条线路：一条线路是直接供电给驱动电机系统；另一条线路是经高压控制装置分配给其他高压用电设备。所以北汽新能源 EV200 的高压用电设备包括驱动电机系统、高压控制盒以及与高压控制盒连接的 PTC、空调压缩机、DC/DC 变换器和车载充电机。

北汽新能源 EV200 整车高压部件连接如图 5-3 所示。

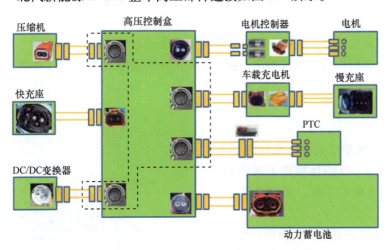

图 5-3　北汽新能源 EV200 整车高压部件连接图

北汽新能源纯电动汽车高压系统介绍

二、纯电动汽车主要高压部件

1. 动力蓄电池系统

北汽新能源 EV200 动力蓄电池采用三元锂电池电芯 3 并联 91 串联而成，动力蓄电池系统集成如图 5-4 所示。

动力蓄电池系统如图5-5所示,主要由蓄电池模块、蓄电池管理系统、蓄电池箱体及辅助元器件四部分组成。

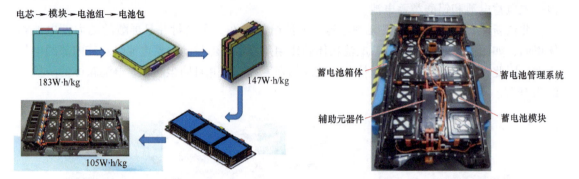

图5-4 北汽新能源EV200动力蓄电池系统集成

图5-5 动力蓄电池系统结构

(1)动力蓄电池的工作原理 蓄电池管理系统(BMS)实时采集各电芯的电压值、各温度传感器的温度值、动力蓄电池系统的总电压值和总电流值、动力蓄电池系统的绝缘电阻值等数据,并根据BMS中设定的阀值判定动力蓄电池系统工作是否正常,并对故障实时监控。动力蓄电池系统通过BMS使用CAN与VCU或充电机之间进行通信,对动力蓄电池系统进行充放电等综合管理。

(2)动力蓄电池的功能 蓄电池是一种将化学能和电能相互转换的装置,所以纯电动汽车动力蓄电池的功能可以分为以下三类:

1)纯电动汽车运行过程中,动力蓄电池将自身储存的化学能转化为电能,为纯电动汽车的高压用电设备进行供电。

2)充电过程中,动力蓄电池将外部电能转化为自身化学能进行储存。

3)能量回收过程中,电机作为发电机工作,输出三相正弦交流电通过IGBT(绝缘栅双极型晶体管)模块转换成直流电向动力蓄电池充电,动力蓄电池将这部分电能转化为自身化学能进行储存。

2. 驱动电机系统

驱动电机系统是纯电动汽车三大核心部件之一,是车辆行驶的主要执行机构,其特性决定了车辆的主要性能指标,直接影响车辆动力性、经济性和舒适性。

北汽新能源EV200驱动电机系统主要由驱动电机(电动机)、电机控制器和冷却系统组成,如图5-6所示。

(1)驱动电机系统的工作原理 纯电动汽车整车控制器(VCU)根据驾驶员意图发出各种指令,电机控制器接受指令并反馈,将动力蓄电池提供的直流电转化成三相正弦交流电,实时调整驱动电机的输出转矩,再通过机械传输来驱动车辆。

图5-6 北汽新能源EV200驱动电机系统的组成

（2）驱动电机系统的功能　北汽新能源 EV200 上所用的驱动电机是三相交流永磁同步电机，它和电机控制器的结构如图 5-7 所示。

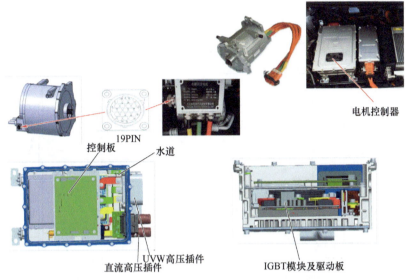

图 5-7　北汽新能源 EV200 驱动电机系统部件图

纯电动汽车驱动电机系统的功能主要包括：
1) 实现整车的怠速、前行、倒车、停车、能量回收以及驻坡等功能。
2) 通信和保护，实时进行状态和故障检测，保护驱动电机系统和整车安全可靠运行。

3. 高压控制盒

高压控制盒完成动力蓄电池电源的输出及分配，实现对支路用电器的保护及切断。高压控制盒内部主要包含 PTC 控制板、四个熔断器和快充继电器三部分。四个熔断器分别为 PTC 熔断器、空调压缩机熔断器、DC/DC 变换器熔断器和车载充电机熔断器。高压控制盒的结构如图 5-8 所示。

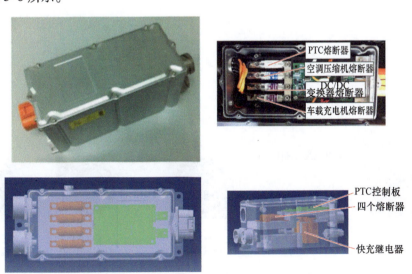

图 5-8　北汽新能源 EV200 高压控制盒的结构

1）高压控制盒内部原理图如图 5-9 所示。

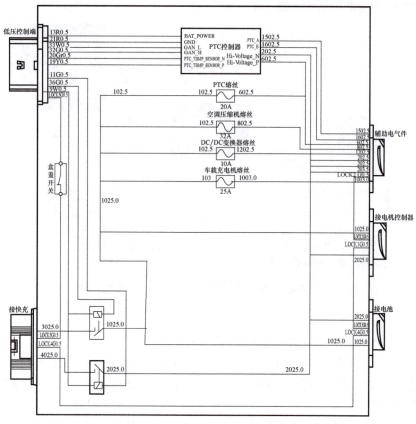

图 5-9　高压控制盒内部原理图

2）高压控制盒外部端口如图 5-10 和图 5-11 所示。

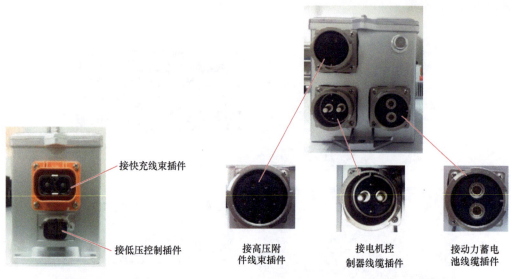

图 5-10　高压控制盒外部端口（一）　　　**图 5-11　高压控制盒外部端口（二）**

4. DC/DC 变换器

DC/DC 变换器的功能是将动力蓄电池的高压直流电转换为整车低压 14V 直流电，给整车低压用电系统供电及铅酸蓄电池充电。DC/DC 变换器外观如图 5-12 所示。

DC/DC 变换器在工作过程中，要把 290～420V 的高压直流电转变为 14V 的低压直流电，并不是一个简单的过程。如图 5-13 所示，在高压直流电转换到低压直流电的过程中，实际上经历了高压直流-高压交流-低压交流-低压直流的过程。

图 5-12　DC/DC 变换器外观图

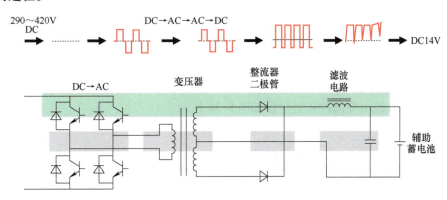

图 5-13　DC/DC 变换器的工作原理

DC/DC 变换器工作条件及判断

（1）工作条件

1）高压输入范围为 DC 290～420V。

2）低压使能输入范围为 DC 9～14V。

（2）判断 DC/DC 变换器是否工作的方法

第一步，保证整车线束正常连接的情况下，上电前使用万用表测量铅酸蓄电池端电压，并记录。

第二步，整车 ON 位上电，继续读取万用表数值，查看变化情况，如果数值在 13.8～14V，判断为 DC/DC 变换器工作。

5. 车载充电机

电动汽车车载充电机的功能是将 220V 交流电转换为动力蓄电池的直流电，实现电池电量的补给，保证车辆正常行驶。同时车载充电机提供相应的保护功能，包括过电压、欠电压、过电流、欠电流等多种保护措施，当充电系统出现异常会及时切断电源。车载充电机的外观如图 5-14 所示。

车载充电机的正上方有 3 个指示灯，分别是 POWER、RUN、FAULT 指示灯。

（1）POWER 灯　电源指示灯，当接通交流电后，电源指示灯亮起。

（2）RUN 灯　工作指示灯，当进入充电状态后，工作指示灯亮起。

（3）FAULT 灯　报警指示灯，当充电机内部或充电过程中存在故障时亮起。

车载充电机在充电过程中要完成将交流电转换成直流电、升压、形成交流电波形、通过变压器升压、将交流转换成直流5个工作步骤。

北汽新能源EV200车载充电原理如图5-15所示。

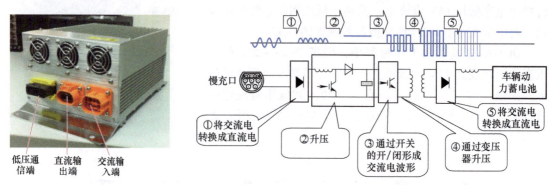

图5-14 车载充电机　　　　图5-15 北汽新能源EV200车载充电原理

6. 空调与暖风系统

C33DB空调系统主要部件布置位置如图5-16所示。

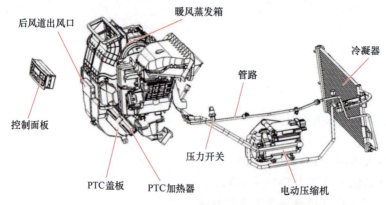

图5-16 C33DB空调系统主要部件布置位置

电动压缩机用于制冷循环，主要作用是将从蒸发器来的低温低压气体压缩成高温高压气体，为整个制冷系统提供源动力，其结构如图5-17所示。

与传统汽车不同的是，纯电动汽车暖风系统采用PTC加热丝进行加热，其外观如图5-18所示，当起动空调系统时，动力蓄电池向PTC进行供电，产生热量。

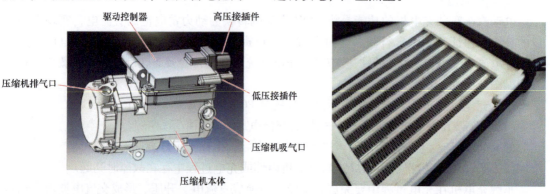

图5-17 涡旋式压缩机　　　　图5-18 PTC

任务二 电动汽车高压线束的认知

1. 认知整车高压线束/线缆的布局。
2. 能够绘制整车线束/线缆拓扑图。
3. 掌握整车高压线束/线缆的插拔方法。

一、整车高压线束/线缆

1. 布局

北汽新能源 EV200 高压线束/线缆采用分体式布局结构,如图 5-19 所示。

2. 快充线束

连接快充口和高压控制盒之间的线束,如图 5-20 所示。从快充口进入的高压直流电经快充线束流入高压控制盒,搭铁线经车身搭铁点与车身相连,其他线束经整车低压线束传输至 VCU 和 BMS。

图 5-19 北汽新能源 EV200 高压线束/线缆布局

3. 动力蓄电池高压线缆

动力蓄电池高压线缆是连接动力蓄电池到高压控制盒之间的线缆,如图 5-21 所示,主要承担动力蓄电池输入或输出的高压直流电。

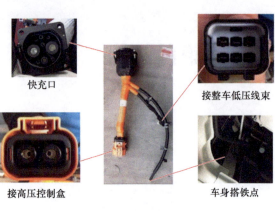

图 5-20 快充线束

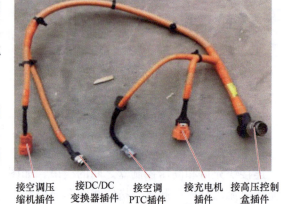

图 5-21 动力蓄电池高压线缆

4. 高压附件线束

高压附件线束是连接高压控制盒到 DC/DC 变换器、车载充电机、空调压缩机、空调 PTC 之间的线束,如图 5-22 所示,此外,高压附件线束还包含互锁信号线。

5. 电机控制器线缆

电机控制器线缆是连接电机控制器到高压控制盒之间的线缆,如图 5-23 所示,从高压控制盒引出的线束一分为二,分别连接电机控制器正负极。

6. 电机三相交流动力线

电机三相交流动力线是连接电机控制器到电机之间的线缆,如图 5-24 所示。

图 5-22 高压附件线束

图 5-23 电机控制器线缆

图 5-24 电机三相交流动力线

7. 慢充线束

慢充线束是连接车载充电机到慢充口之间的线束，如图 5-25 所示。

8. 快充线束

快充线束是连接车辆快充口和高压控制盒之间的线束，如图 5-26 所示。

图 5-25　慢充线束

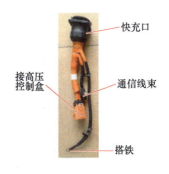

图 5-26　快充线束

二、整车高压线束/线缆插拔方法

以北汽新能源 EV200 为例，整车高压线束/线缆插拔方法按照锁止机构设置分为三种类型，分别是三级锁止机构、二级锁止机构和航空插头。

1. 三级锁止机构插拔方法

以动力蓄电池直流端线缆为例，高压线缆端设置三级锁止机构。插拔步骤如图 5-27 所示，将蓝色锁销轻轻向后拉出，待锁销与底部橘黄色外壳接触即解除第一道锁。侧向按压刻有"PRESS"标识的锁扣，同时两侧均匀用力向外推出插接件灰色壳体，待蓝色锁销与灰色壳体外侧凹槽完全贴合即解除第二道锁。向上轻轻顶起插接件底部锁扣解除第三道锁，两侧轻微晃动向外拔出插接件即可。安装时以倒序进行，注意三级锁止机构依次插拔，越级强行插拔将导致插接件锁止机构失效。

图 5-27　三级锁止机构插拔步骤

2. 二级锁止机构插拔方法

以车载充电机直流输出端为例，直流输出端设置两级锁止机构。插拔步骤如图 5-28 所示，首先将绿色锁舌轻轻向后拉出，其次同时向下按压航空插头顶部锁扣，最后均匀用力向后拉出。安装时将航空插头针孔与插接件端子对齐推入，将绿色锁舌轻轻推入底部。

3. 航空插头插拔方法

以 DC/DC 变换器高压输入端为例，如图 5-29 所示，逆时针轻轻旋转航空插头端部螺母，待旋松后均匀地用力向后拉出。安装时首先将绝缘体针孔与接插件端子对齐，其次轻轻推入使航空插头内止口与插接件定位键咬合，最后顺时针旋转航空插头端部螺母直至拧紧。

二级锁止机构拔出第一步

二级锁止机构拔出第二步

二级锁止机构插入第一步

二级锁止机构插入第二步

图 5-28　二级锁止机构插拔步骤

航空插头拔出第一步

航空插头拔出第二步

航空插头插入第一步

航空插头插入第二步

航空插头插入第三步

图 5-29　航空插头插拔步骤

Project 6

项目六

车辆高压安全设计

 **车辆高压安全指标的测试**

1. 认知电动汽车高压安全防护设计。
2. 能够结合实车查找车辆高压安全设计的元器件。

相对于传统汽车而言,电动汽车的一个重要特点就是车内装有能保证足够动力性能的高压系统,其高达 300V 以上的电压以及 30A 以上的电流随时考验着车载高压用电器的使用安全。因此对于电击防护来说,仅仅采取基于设备自身的防护措施是远远不够充分的,车辆自身也应增加高压电气系统上的防护措施。

1. 安全警示标示

电动汽车上高压元器件较多,为了保障人员安全,在高压元器件上都应该看到高压警示标志,符号的底色为黄色,边框和箭头为黑色,如图 6-1 所示。同时高压电路中的电缆和线束的外皮也要使用橙色加以区别,如图 6-2 所示。

图 6-1 高压警示标志

图 6-2 高压线束/电缆

2. 接地保护

电动汽车的等电位连接可以采用将电气设备的外露可导电部件直接或通过保护导体与车辆底盘相连接的方法来进行。

采用等电位连接的作用示例如图 6-3 所示,该方法将直流电气设备外壳与车辆底盘直接连接。采用等电位连接后,该设备外壳和车身地为相同电位,当该设备正极发生对外壳漏电故障时,即使人员接触到该设备带电的外壳,由于人体被等电位连接线短路,故不会有危险的电流流过，从而避免了电击。

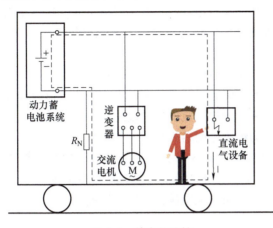

图 6-3 等电位连接

等电位连接原理介绍

等电位连接所用的保护导体的电阻值应满足下面的导电性试验要求：用一个不超过 60V（DC）的电压，动力电源最大电流的 1.5 倍或 25A 的电流（取两者中较大值）通过任何两个进行等电位联结的外露可导电部件，持续时间至少 5s，测量其电压降。根据电流和电压降计算得到的保护导体的电阻值不应超过 0.1Ω。

3. 电气隔离

电气隔离就是将电源与用电回路作电气上的隔离，即将用电的分支电路与整个电气系统隔离，使之成为一个在电气上被隔离的、独立的不接地安全系统，以防止在裸露导体故障带电时发生间接触电危险，如图 6-4 所示。要实行电气隔离，必须满足以下条件：

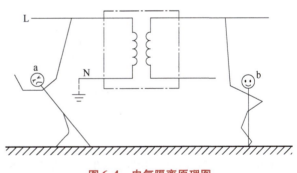

图 6-4 电气隔离原理图

1）每一分支电路使用一台隔离变压器，这种变压器的耐压试验电压比普通变压器高，应符合 Ⅱ 级电工产品（双重绝缘或加强绝缘）的要求，也可使用与隔离变压器的绝缘性能相等的绕制。

2）所谓电气隔离就是使两个电路之间没有电气上的直接联系。即两个电路之间是相互绝缘的，同时还要保证两个电路维持能量传输的关系。

电气隔离主要用在电动汽车充电系统中，采用交、直流隔离的充电机是目前进行电气隔离时最常用的方法。

4. 自动断路功能

当存在某些特殊事件（如碰撞、绝缘不良、高压电气回路不连续、过电流及短路等）输入时，自动断路功能可以在没有使用者干预的情况下，通过断路器等装置将高压电气回路切断，从而达到保护人员和电气系统安全的目的。自动断路装置要具备人工复位的能力。

自动断路原理介绍

(1) 碰撞监测及保护　当电动汽车发生碰撞事故时，碰撞传感器向主控装置发送信号，主控装置接到信号后迅速切断动力电路，从而实现电动汽车发生碰撞事故时的自动断开。另外还有一种方法是不经过主控装置，直接由碰撞传感器信号触发高压电气系统断路器工作，切断高压电源。

(2) 漏电监测及保护　在电动汽车中，由于直流高压系统实质上也属于不接地的电气系统，所以也较多地使用对地电压型漏电监测装置，通过检测动力系统正、负极母线对车身地的电压来判断是否存在绝缘故障。该类装置通过一定的方法改进后，还能够检测出动力系统正、负极母线对车身地的绝缘电阻，即为绝缘电阻监控装置，如图6-5所示。

GB/T 18384.3—2015《电动汽车安全要求　第3部分：人员触电防护》中要求在最大工作电压下，直流电路绝缘电阻的最小值至少大于$100\Omega/V$，交流电路至少大于$500\Omega/V$。电气设备的绝缘电阻测量应使用绝缘万用表测量，电阻越大，绝缘性能越好。

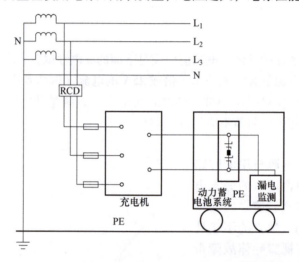

图6-5　采用漏电监测及保护的电动汽车高压系统

采用漏电监测及保护的电动汽车高压系统一般在交流输入端使用漏电保护器（RCD）、保护接地（或保护接零）组合；直流端有漏电监测装置，以监测车内直流母线对车身地的绝缘状况。这种方案同样可以有效地降低非车载充电系统的电击危险性。

(3) 互锁监测及保护　电动汽车上的高压部件应具有高压互锁装置。高压互锁也指危险电压互锁回路（HVIL- Hazardous Voltage Interlock Loop）：即通过使用电气小信号，来检查整个高压产品、导线、插接器及护盖的电气完整性（连续性），识别到回路异常断开时及时断开高压电。

高压互锁信号回路包括两部分，一部分用于监测高压供电回路的完整性；一部分用来监测所有高压部件保护盖是否非法开启。

5. 过电流及短路保护

过电流及短路保护主要是为了保证纯电动汽车高压电气系统安全运行而采用的一种防护措施。自动断开装置可用来进行过电流及短路保护。如果使用其他装置（如熔断器等）进行过电流防护，在出现过电流时，为加强防护效果，也可以启动自动断开装置，从而起到双保险的作用。

6. 手动断开装置

在电动汽车的装配、维护和维修的操作中，有时需要手动断开电气回路，以保证在操作过程中人员免受电击伤害。手动断开装置一般设置于动力蓄电池系统中，如维修开关。在维修人员进行高压系统维护前断开维修开关，可使得高压输出端不带危险电压，从而防止人员误接触导致触电。手动断开装置对操作人员应该是绝缘的。

7. 熔断

熔断功能通常使用熔断器来完成，也是一种电气系统过电流及短路保护的手段。熔断主要是为了保证电动汽车高压电气系统安全运行而采用的一种防护措施。

各分路用电器分别串联快速熔断器，用电器发生过电流或短路时，快速熔断器自动分断。动力蓄电池分组串联，每组配有熔断器，发生意外短路时可切断蓄电池之间的连接。

车辆高压互锁回路的验证

学习目标

1. 认知高压互锁结构组成。
2. 熟知高压互锁线路组成。
3. 明确高压互锁线路端子。
4. 树立安全作业意识。

1. 高压互锁简介

电动汽车高压互锁也指危险电压互锁回路，简称 HVIL，如图 6-6 所示，通过使用电气小信号来检查车辆高压器件、线路、插接器及护盖的电气完整性，若识别到回路异常断开，及时断开高压电。当 HVIL 信号因为客观或人为原因被触发时，整车高压源会在毫秒级时间内自动断开，整车起动安全防护，从而保障用户安全。

高压互锁回路设计的目的主要有以下几点：

1) 整车在高压上电前确保整个高压系统的完整性，使高压处于一个封闭的环境下工作，提高安全性。
2) 整车在运行过程中高压系统回路断开或者完整性受到破坏时，需要起动安全防护。
3) 防止带电插拔高压插接器给高压端子造成的拉弧损坏。

2. 高压互锁的组成

（1）互锁信号回路 高压互锁信号回路包括两部分：一部分用于监测高压供电回路的

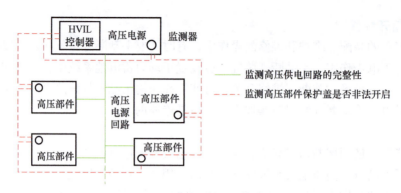

图 6-6　高压互锁回路示意图

完整性；一部分用来监测所有高压部件保护盖是否非法开启。高压互锁信号线与高压电源线并联，将所有的插接器串接起来组成一个完整的回路，高压部件保护盖与盒盖开关联动，盒盖开关串联在高压互锁信号回路中。若高压回路内某一部位未连接到位，则互锁信号送入整车控制器内，整车控制器就禁止动力蓄电池对外供电。

（2）互锁监测器　监测器分为两类，一种用于监测高压插接器连接是否完好，如图 6-7 所示；另外一种用于监测高压部件的保护盖是否开启，如图 6-8 所示。

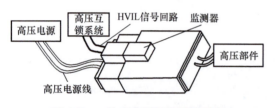

图 6-7　一体式高压插接器监测器

图 6-8　北汽新能源 EV200 高压部件开盖监测器

1）图 6-9 白色方框区为北汽新能源 EV200 动力蓄电池高压母线互锁监测器，在动力母线拔出时，监测器也会随之断开，高压互锁回路就会触发高压断电信号，保障用户的操作安全。

2）高压部件开盖监测器如图 6-10 所示，结构类似于插接器，一端安装于高压部件保护盖上；另外一端安装于高压部件主体内部，当保护盖开启时插接器也断开，HVIL 信号中断。通常需要设置监测器的部件包括驱动电机控制器、高压控制盒等。

图 6-9　北汽新能源 EV200 动力蓄电池高压母线互锁监测器

图 6-10　高压部件开盖监测器

（3）自动断路器　自动断路器（也称正极、负极接触器）为互锁系统切断高压源的执行部件，形式类似于继电器，如图 6-11 所示。在高压互锁系统识别到危险情况时，能否正确断开高压源是非常关键的，所以自动断路器对高压互锁的作用影响相当大，其如何设置需参照以下原则。

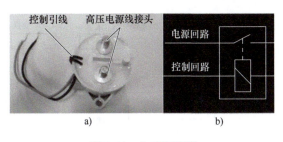

图 6-11　自动断路器
a）自动断路器实物　b）内部原理图

1）自动断路器需要尽可能地接近动力蓄电池包（高压源），以减少断电时继续蓄能的电路。

2）自动断路器的初始状态应该是常开的状态，需要控制器给予安全信号方能闭合，以避免高压线路误接通。

3）复位自动断路器应要求操作者施加额外的信号，需确认当前为已消除高压危险的情况方能复位。

4）自动断路器应具有自诊断的能力，将其内部的故障检测出来并予以显示，如果不能正常工作，则整车需要特殊处理（停车或报警）。

5）自动断路器即使是在出现供电电压过低的情况下也能操作。

6）自动断路器需要提供一个输出信号，提前通知其他用电负载，使之能在断电之前有提前响应的时间。

7）行驶过程中等特殊情况下不能强行断开。

3. 高压互锁的控制策略

高压互锁系统在识别到危险时，整车控制器应根据危险时的行车状态及故障危险程度运用合理的安全策略，这些策略包括以下几点：

（1）故障报警　无论电动汽车在何种状态，高压互锁系统在识别到危险时，车辆应该对危险情况做出报警提示，需要仪表或指示器以声或光报警的形式提醒驾驶员，让驾驶员注意车辆的异常情况，以便及时处理，避免发生安全事故。

（2）切断高压源　当电动汽车在停止状态时，高压互锁系统在识别严重危险情况时，除了进行故障报警，还应通知系统控制器断开自动断路器，使高压源被彻底切断，避免可能发生的高压危险，确保财产和人身安全。

（3）降功率运行　电动汽车在高速行车过程中，高压互锁系统在识别到危险情况时，不能马上切断高压源，应首先通过报警提示驾驶员，然后让控制系统降低电机的运行功率，使车辆速度降下来，以使整车高压系统在负荷较小的情况下运行，尽量降低发生高压危险的可能性，同时也允许驾驶员能够将车辆停到安全地方。

4. 高压互锁线路介绍

以北汽新能源 EV200 为例，高压互锁回路分为动力蓄电池高压互锁回路、电机控制器高压互锁回路和前机舱高压互锁回路三部分，如图 6-12 所示。

（1）动力蓄电池高压互锁回路　动力蓄电池高压互锁回路共有两段，一段为动力蓄电池高压插件端口和 BMS 构成的互锁回路；另一段

北汽新能源 EV200
纯电动汽车高压
互锁控制策略

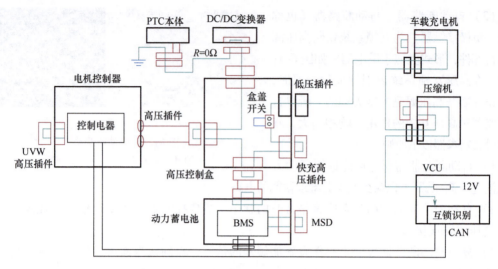

图 6-12 北汽新能源 EV200 高压互锁回路

为 BMS 和维修开关构成的互锁回路。其中,在动力蓄电池高压电缆插件和维修开关上都存在互锁短接端子。

(2) 电机控制器高压互锁回路　电机控制器高压互锁回路主要经过了 UVW 高压插件。

(3) 前机舱高压互锁回路　前机舱高压互锁回路主要经过了 VCU、空调压缩机、车载充电机、高压控制盒、DC/DC 变换器和 PTC 本体,如图 6-13 所示。

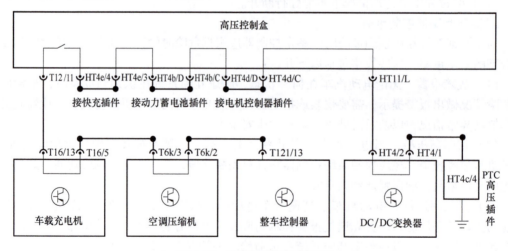

图 6-13 前机舱高压互锁回路

其中,在高压控制盒处,高压互锁线路依次经过了低压控制端插件、盒盖开关、快充插件、动力蓄电池插件、电机控制器插件和高压附件插件,线路连接如图 6-14 所示。

5. 常见的高压互锁问题（图 6-15）

1)高压插件互锁端子缺失或退针。

2)PTC、DC/DC 变换器、高压控制盒、车载充电机、空调压缩机等高压部件的高低压插件接插不牢。

3)高压控制盒、电机控制器盒盖开关端子损坏。

项目六 车辆高压安全设计

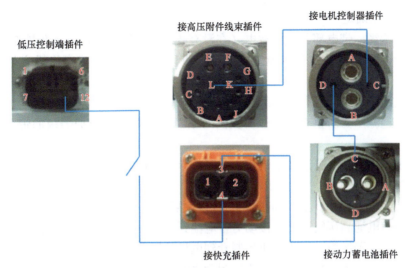

图 6-14 高压控制盒互锁实物图

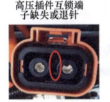

图 6-15 常见的高压互锁问题

任务二 车辆高压线束安全检测

 学习目标

1. 能够完成高压线束/线缆外观及接口状态的检查。
2. 掌握高压线束/线缆导通性的测量方法。
3. 能够判断高压线束/线缆的绝缘情况。

 知识储备

1. 术语和定义

（1）额定电流 制造商给电器附件规定的电流。
（2）绝缘电压 制造商给电器附件规定的电压值，且电气强度试验、电气间隙与爬电距离都参照此电压确定。

（3）基本绝缘　带电部分上对触电（在没有故障的状态下）起基本防护作用的绝缘。

（4）附加绝缘　为了在基本绝缘失效情况下防止触电而在基本绝缘之外使用的独立绝缘。

（5）双重绝缘　同时具有基本绝缘和附加绝缘的绝缘。

（6）加强绝缘　为防止直接接触所提供的相当于双重绝缘防护等级的带电部分上的绝缘结构。

（7）端子　用于外电路连接电池正、负极的导电部件。

2. 高压线束/线缆介绍

例如北汽新能源 EV200 上的高压线束/线缆主要有 5 束，分别是：

（1）动力蓄电池高压线缆　连接动力蓄电池到高压控制盒之间的线缆。

（2）电机控制器线缆　连接高压控制盒到电机控制器之间的线缆。

（3）快充线束　连接快充口到高压控制盒之间的线束。

（4）慢充线束　连接慢充口到车载充电机之间的线束。

（5）高压附件线束（高压线束总成）　连接高压控制盒到 DC/DC 变换器、车载充电机、空调压缩机、空调 PTC 之间的线束。

除此之外，在给车辆充电过程还会用到充电线，慢充充电线是连接慢充桩到车辆慢充口的线束，随车携带，根据内阻不同，可分为 16A 和 32A 两种。

3. 高压线束/线缆端子定义

以北汽新能源 EV200 为例介绍高压线束/线缆的针脚定义。

1）动力蓄电池高压线缆，端子定义如图 6-16 所示。

图 6-16　动力蓄电池高压线缆端子定义

2）电机控制器线缆，端子定义如图 6-17 所示。

3）快充线束，端子定义如图 6-18 所示。

4）快充口，端子定义如图 6-19 所示。

5）慢充线束，端子定义如图 6-20 所示。

6）高压附件线束，端子定义如图 6-21 所示。

7）慢充充电线，端子定义如图 6-22 所示。

单芯插件（Y键位）
接电机控制器正极

单芯插件（Z键位）
接电机控制器负极

接高压控制盒端
A脚位：电源负极
B脚位：电源正极
C脚位：互锁线短接
D脚位：互锁线短接

图6-17　电机控制器线缆端子定义

接整车低压线束脚：
1脚：A-（低压辅助电源负极）
2脚：A+（低压辅助电源正极）
3脚：CC2（充电连接确认）
4脚：S+（充电通信CAN-H）
5脚：S-（充电通信CAN-L）

车身搭铁点

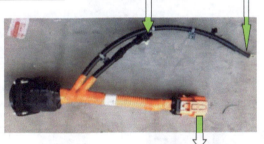

接高压控制盒脚：
1脚：电源负极
2脚：电源正极
中间为互锁端子

图6-18　快充线束端子定义

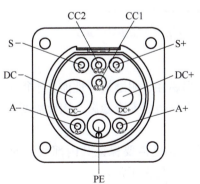

快充口定义：
DC-：直流电源负
DC+：直流电源正
PE：车身地（搭铁）
A-：低压辅助电源负极
A+：低压辅助电源正极
CC1：充电连接确认
CC2：充电连接确认
S+：充电通信CAN-H
S-：充电通信CAN-L

图6-19　快充口端子定义

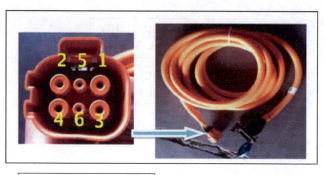
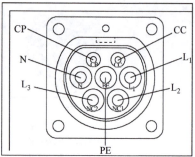

接车载充电机:
1脚: L (交流电源)
2脚: N (交流电源)
3脚: PE (车身地(搭铁))
4脚: 空
5脚: CC (充电连接确认)
6脚: CP (控制确认线)

慢充口:
CP: 控制确认线
CC: 充电连接确认
N: 交流电源 (零线)
L_1、L_2、L_3: 交流电源 (相线)
PE: 车身地 (搭铁)

图 6-20　慢充线束端子定义

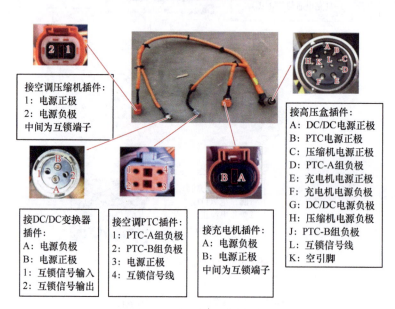

图 6-21　高压附件线束端子定义

4. 高压线束检测项目

车辆用高压线束需要具备耐老化、阻燃性、耐磨损等性能，不得出现裂痕、导体暴露等故障。如果发生损坏将会给车辆及车上人员造成安全隐患。因此需要检查各个高压线束外观是否正常。

在各高压线束外观状态良好的前提下，还需要保证其内部线路的导通和绝缘性能的良好。对于慢充充电线来说还要测试其电阻值是否正常。

根据国际电动汽车标准规定，绝缘电阻应大于 100Ω/V（按动力蓄电池的标称电压计算），将绝缘等级分为 3 等：低于 100Ω/V 表示绝缘等级差；100~500Ω/V 之间表示良；大于 500Ω/V 表示绝缘等级优。测量绝缘电阻时，用约 DC 500V 电压进行测量，而测量应在施加 1min 后进行。各高压线束的绝缘阻值标准见表 6-1～表 6-6。

 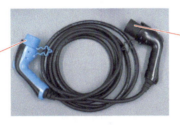 

车辆端充电枪：
L_1、L_2、L_3：交流电源
N：交流电源
CC：控制确认
CP：充电连接确认
PE：车身地

充电桩端充电枪：
L_1、L_2、L_3：交流电源
N：交流电源
CC：控制确认
CP：充电连接确认
PE：车身地

图 6-22　慢充充电线端子定义

表 6-1　动力蓄电池高压线缆

图示	项目	标准
接高压控制盒端　接动力蓄电池端	电源正极（B 脚）绝缘阻值/MΩ	≥1.4
	电源负极（A 脚）绝缘阻值/MΩ	≥1.0

表 6-2　电机控制器线缆

图示	项目	标准
Z键位　Y键位　接高压控制盒端	电源正极（B 脚）绝缘阻值/MΩ	≥100
	电源负极（A 脚）绝缘阻值/MΩ	≥100

表 6-3　快充线束

图示	项目	标准
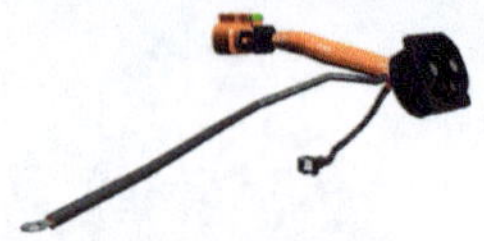 接高压控制盒	电源正极（B 脚）绝缘阻值	无穷大
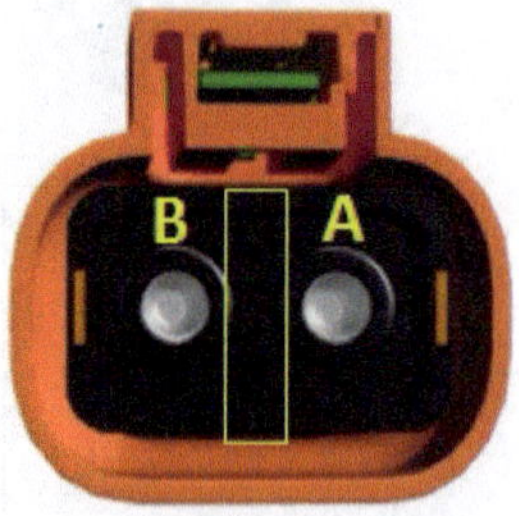	电源负极（A 脚）绝缘阻值	无穷大

表 6-4　慢充线束

图示	项目	标准
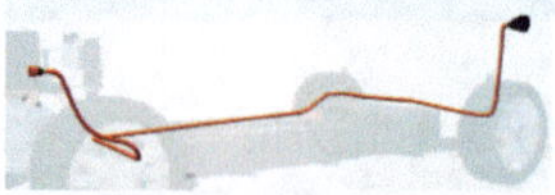 慢充口	电源正极（L 脚）绝缘阻值/MΩ	≥20
	电源负极（N 脚）绝缘阻值/MΩ	≥20

表 6-5　高压附件线束

图示	项目	标准
 接高压控制盒插件	DC/DC 变换器电源正极（A 脚）绝缘阻值/MΩ	≥20
	PTC 电源正极（B 脚）绝缘阻值/MΩ	≥500

项目六 车辆高压安全设计

(续)

图示	项目	标准
 接充电机插件	压缩机电源正极（C脚）绝缘阻值/MΩ	≥5
接充电机插件	PTC-A组负极（D脚）绝缘阻值/MΩ	≥500
 接DC/DC变换器插件	充电机电源正极（E脚）绝缘阻值/MΩ	≥20
接DC/DC变换器插件	充电机电源负极（F脚）绝缘阻值/MΩ	≥20
 接空调压缩机插件	DC/DC变换器电源负极（G脚）绝缘阻值/MΩ	≥20
接空调压缩机插件	压缩机电源负极（H脚）绝缘阻值/MΩ	≥5
 接空调PTC插件	PTC-B组负极（J脚）绝缘阻值/MΩ	≥500

表6-6 慢充充电线

图示	项目	标准
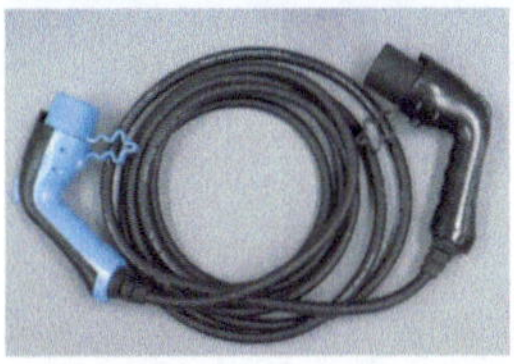	交流电源正极（L脚）绝缘阻值/MΩ	≥20

81

（续）

图示	项目	标准
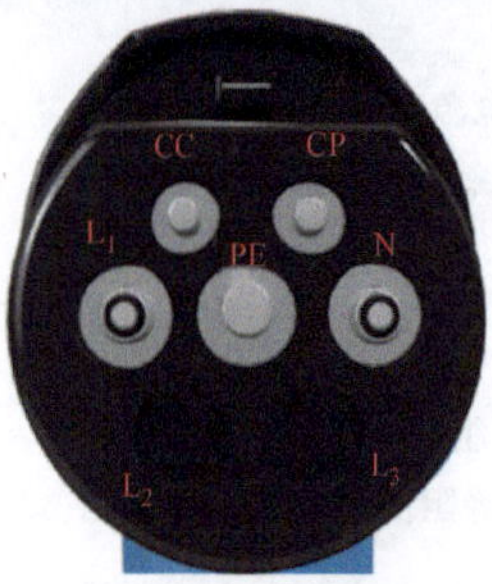 充电桩端充电枪	交流电源负极 （N 脚）绝缘阻值/MΩ	≥20
充电桩端充电枪	车辆端充电枪阻值 （CC 脚与 PE 脚）/Ω	阻值680±3%（16A） 阻值220±3%（32A）
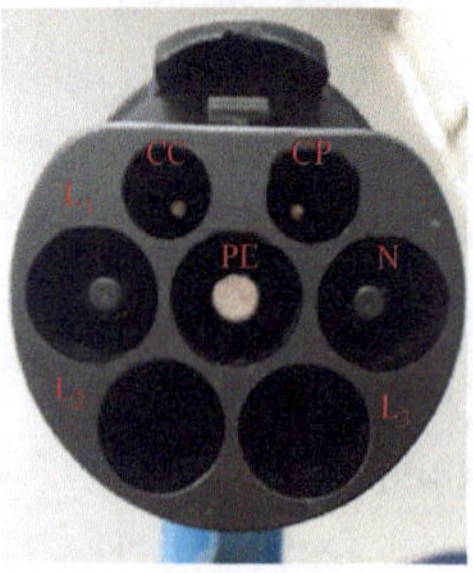 车辆端充电枪	桩端充电枪阻值 （CC 脚与 PE 脚）/Ω	<0.5

Project 7

项目七

高压安全事故应急处理

任务一　心肺复苏急救流程

学习目标

1. 熟知触电急救的处理流程。
2. 掌握心肺复苏的方法。
3. 能够对触电人员进行急救处理。
4. 树立安全急救意识。

一、急救原则

现场急救的原则是迅速、就地、准确、坚持。

（1）迅速　要动作迅速，切不可惊慌失措，要争分夺秒、千方百计地使触电者脱离电源，并将触电者移到安全的地方。

（2）就地　要争取时间，在现场（安全地方）就地抢救触电者。

（3）准确　抢救的方法和施行的动作姿势要正确。

（4）坚持　急救必须坚持到底，直至医务人员判定触电者已经死亡，再无法抢救时，方能停止抢救。

二、触电急救流程

发现有人触电时，不要惊慌失措，应赶快使触电者脱离电源，这样才能进一步施行其他急救措施。应当注意的是，在脱离电源过程中，救护人员既要救人，也要注意保护自己。触电者未脱离电源前，救护人员不准直接用手触及伤员。

心肺复苏的急救措施

1. 脱离电源

（1）脱离低压电源的方法　触电者触及低压带电设备，救护人员应设法迅速切断电源，如拉开电源开关或刀闸、拔除电源插头等，或使用绝缘工具、干燥的木棒、木板、绳索等不导电的东西使触电者脱离电源。也可抓住触电者干燥而不贴身的衣服，将其拖开，切记要避免碰到金属物体和触电者的裸露身躯。也可戴绝缘手套或将手用干燥衣物等包起绝缘后使触电者脱离电源。救护人员也可站在绝缘垫上或干木板上，绝缘自己进行救护。为使触电者与导电体解脱，最好用一只手进行。如果电流通过触电者入地，并且触电者紧握电线,可设法用干木板塞到身下,与地隔离,也可用干木把斧子或有绝缘柄的钳子等将电线剪断。剪断电线要分相,一根一根地剪断,并尽可能站在绝缘物体或干木板上。

(2) 脱离高压电源的方法　触电者触及高压带电设备,救护人员应迅速切断电源,或用适合该电压等级的绝缘工具(戴绝缘手套、穿绝缘鞋并用绝缘棒)解脱触电者。救护人员在抢救过程中应注意保持自身与周围带电部分必要的安全距离。

如果触电者触及断落在地上的带电高压导线,且尚未确定线路无电,救护人员在未做好安全措施(如穿绝缘安全鞋或临时双脚并紧跳跃地接近触电者)前,不能接近断线点 8～10m 范围内,防止跨步电压伤人。触电者脱离带电导线后也应迅速带至 8～10m 范围以外后立即开始触电急救。只有在确认线路已经无电,才可在触电者离开触电导线后,立即就地进行急救。

救护触电伤员切断电源时,有时会同时使照明失电,因此应考虑事故照明、应急灯等临时照明。新的照明要符合使用场所防火、防爆的要求。但不能因此延误切除电源和进行急救。

(3) 注意事项

1) 应防止触电者脱离电源后可能出现的摔伤事故。当触电者站立时,要注意触电者倒下的方向,防止摔伤,当触电者位于高处时,应采取措施防止其脱离电源后坠落摔伤。

2) 未采取任何绝缘措施,救护人不得直接接触触电者的皮肤和潮湿衣服。

3) 救护人不得使用金属和其他潮湿的物品作为救护工具。

4) 在使触电者脱离电源的过程中,救护人最好用一只手操作,以防救护人触电。

5) 夜间发生触电事故时,应解决临时照明问题,以便在切断电源后进行救护,同时应防止出现其他事故。

2. 触电者现场救护

触电者脱离电源后,应立即就近移至干燥通风的场所,再根据情况迅速进行现场救护,同时应通知医务人员到现场,并做好送往医院的准备工作。

(1) 判断触电者伤害情况　先用看、听、试的方法,迅速检查呼吸、心跳是否停止,瞳孔是否放大,如图 7-1 所示。

1) 看:察看伤员的胸部、腹部有无起伏动作。

2) 听:用耳贴近伤员的口鼻处,倾听有无呼吸声音。

3) 试:测试伤员口鼻处有无气流。再用两手指轻轻试一侧(左或右)颈动脉有无搏动。

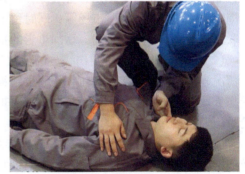

图 7-1　迅速检查症状

根据上述看、听、试的结果,决定采用哪种急救方法。

(2) 现场急救方法

1) 如果触电人的伤害程度并不严重,神志还比较清醒,只是有一些心慌、四肢发麻、全身无力或者曾一度昏迷,但很快恢复知觉,则不需要做人工呼吸和胸外按压,应让其就地安静地躺下来,休息 1～2h,并注意观察,暂时不要站立或走动。在观察过程中,如发现触电者呼吸和心跳很不规则甚至接近停止,应赶快抢救。

2) 如果触电人的伤害情况较为严重,无呼吸、无知觉,但有心跳时,应就地仰面躺平，确保其气道通畅，并用5s时间呼叫伤员或轻拍其肩部，以判定伤员是否意识丧失。禁止摇动伤员头部呼叫伤员。应采用口对口（鼻）人工呼吸。如触电者虽然有呼吸，但心跳已停止时，则应采用胸外按压的方法进行抢救。

3）如果触电人的伤害情况很严重，无知觉，心跳和呼吸都已停止时，则需同时采用口对口人工呼吸和胸外按压两种方法进行抢救。做人工呼吸要有耐心，尽可能坚持到把人救活，或医务人员赶到。

触电急救应就地进行，中间不能停顿。如果触电者电伤严重，非送医院不可，在途中也不能对其停止抢救。

在触电急救中，不能用土埋、泼水和压木板等错误方法抢救，避免加快触电者死亡。

（3）触电急救用药注意事项

1）任何药物都不能代替人工呼吸和胸部按压抢救。人工呼吸和胸部按压是基本的急救方法，是第一位急救方法。

2）应慎重使用肾上腺素。肾上腺素有使停止跳动的心脏恢复跳动的作用，即使出现心室颤动，也可以使细的颤动转变为粗的颤动而有利于除颤。另一方面，肾上腺素可能使衰弱的、跳动不正常的心脏变为心室颤动，并由此导致心脏停止跳动而死亡，因此对于用心电图仪观察尚有心脏跳动的触电者不得使用肾上腺素。只有在触电者经过人工呼吸和胸部按压的急救，用心电图仪鉴定心脏确已停止跳动，又备有心脏除颤装置的条件下，才可考虑注射肾上腺素。

3. 急救呼叫

沉着冷静，不要惊慌，迅速找到电话拨打120急救报警电话，为救援争取时间。

（1）相互确认　首先要确认对方是否是120急救中心，并准确无误地告知对方自己所在的地方或者是伤病员所在的地方、受伤人数以及联系电话。电话中要对病发地点表述清楚，如某小区、楼号、单元、楼层等，若具体方位不清，如开放式小区及其他区域，应寻找周围标志性建筑如学校、市场等，同时留下接车人手机号码，以保证中心调度与求助接车人员联系通畅，从而节省时间、增加患者的抢救时机。

（2）讲清楚所在地址及伤病员的大致情况　拨通电话后，简单明了地阐述伤者所发生的情况、伤到哪里、程度如何、伤病员精神状况、伤者人数等各方面。如遇大型突发事件，受伤人数多，拨打"120"电话时，应告知急救中心大致受伤人数及受伤情况，以便于启动抢救应急预案，为救援争取时间。

（3）做好救援准备　在打完电话等待救援期间，迅速整理携带好伤病员的衣物、用品及钱财。疏通救治通道，保持畅通无阻，并派人在住宅门口或交叉路口等候，引导救护车的出入。

4. 抢救过程中伤员的移动

1）心肺复苏法应在现场就地坚持进行，不要为方便而随意移动伤员，如确实需要移动时，抢救中断时间不应超过30s。

2）移动触电者或将其送往医院时，应使触电者平躺在担架上并在其背部垫以平整、坚硬宽阔的木板，如图7-2、图7-3所示，不得采用双人直接抬运的方法，如图7-4所示。

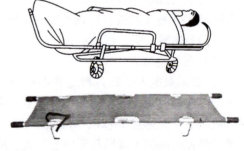

图7-2　触电者要平躺在担架上

3）在移动或送往医院途中，直到医院后医生未接替救治前均不能终止急救。

4）在急救中，应创造条件，用塑料袋装入砸碎冰屑成帽状包裹在触电者头部，露出眼睛，使胸部温度降低，为恢复呼吸及心跳创造条件。

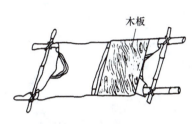

图 7-3　临时担架

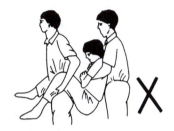

图 7-4　错误的运送方法

三、心肺复苏法

触电伤员的呼吸和心跳均已停止时，应立即按心肺复苏法支持生命的三项基本措施，正确进行就地抢救。三项基本措施是通畅气道、口对口（鼻）人工呼吸和胸外按压（人工循环）。

1. 通畅气道

即使触电伤员的呼吸停止，也应始终确保其气道通畅。如发现伤员口内有异物，可将其身体及头部同时侧转，并迅速用一个手指或用两手指交叉从口角处插入，取出异物。操作中要注意防止将异物推送到咽喉深处。

通畅气道常用仰头抬颌法，如图 7-5 所示。用一只手放在触电者的前额处，另一只手的手指将其下颌骨向上抬起，两手协同将头部推向后仰，舌根随之抬起，气道即可畅通。同时，解开伤者领口和衣服。严禁用枕头或其他物品垫在伤员头下，头部一旦太前倾，会加重气道的堵塞，且使胸外按压时心脏流向脑部的血流量减少，甚至消失。

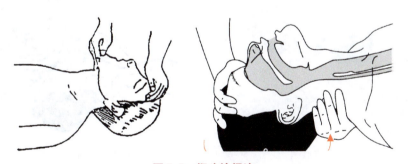

图 7-5　仰头抬颌法

2. 口对口（鼻）人工呼吸

人工呼吸的方法有多种，主要目的是采用人工机械作用，促使肺部扩张和收缩，以达到气体交换的目的。口对口人工呼吸法简单易学，效果好，是目前最常用的有效方法，其具体操作步骤如下：

1）保持呼吸道气流畅通，清除口内的呕吐物、假牙等异物，如图 7-6 所示。

2）救护人在触电者头部的左边或右边，用一只手捏紧触电者的鼻孔（不要漏气），另一只手将其下颌拉向前下方（或托住其后颈），使嘴巴张开（嘴上可盖上一层纱布或薄布），准备吹气，如图7-7所示。

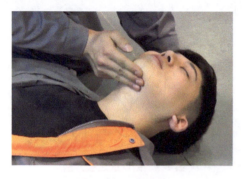

图7-6 头部后仰

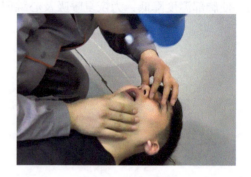

图7-7 准备吹气

3）救护人深吸气后，紧贴触电人的嘴巴向他大口吹气，同时观察其胸部是否膨胀，以决定吹气是否有效和是否适度。每次吹气以使触电者的胸部微微鼓起为宜，如图7-8所示。

4）救护人吹气完毕换气时，应立即离开触电人的嘴巴，并放松紧捏的鼻子，让他自动呼吸（排气），如图7-9所示。

5）抢救开始时，先连续大口吹气两次，每次1~1.5s，然后吹气速度应均匀，一般以每5s重复一次（吹气2s，呼气3s，这正是口诀中的"一般吹气用2s，留出3s自呼气"的含义）。吹气时如有较大阻力，可能是头部后仰不够，应及时纠正。抢救过程中，应每隔几分钟观察一下触电者呼吸是否已经恢复正常。如触电者已开始自主呼吸时，还应观察呼吸是否会再度停止，如果再度停止，应继续进行口对口呼吸，但这时，口对口呼吸要与触电者微弱的自主呼吸规律一致。

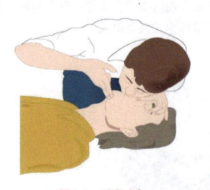

图7-8 贴紧吹气

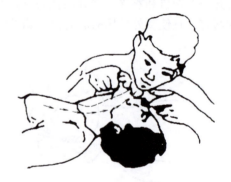

图7-9 放松换气

口对口人工呼吸应不间断进行。抢救时，如果触电者牙关紧闭，可采用口对鼻吹气，方法与口对口基本相同。此时，可将触电者嘴唇紧闭，抢救者对其鼻孔吹气。吹气时压力应稍大，时间也应稍长，以利于气体进入触电者肺里。

3. 胸外按压

胸外心脏按压时，用人工方法在胸外挤压触电者心脏，代替心脏的自然收缩和舒张，从而达到重新产生血液循环的目的，使触电者恢复心脏跳动。此方法不需要任何设备，只要通

过学习和练习就能掌握,具体操作步骤如下:

1)使触电者仰面躺在硬的地面上,救护人员站在或跪在伤员另一侧肩旁,两肩位于伤员胸骨正上方,两臂伸直,肘关节固定不屈,两手掌根相叠,手指翘起,不接触伤员胸臂,如图 7-10 所示。

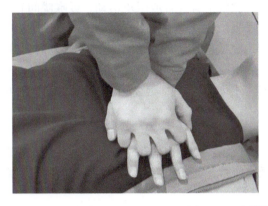
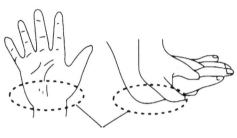

图 7-10　胸外按压时的手势

2)正确的按压位置是保证心脏按压效果的前提,确定正确按压位置的方法是用右手食指和中指沿触电者肋弓移至胸骨下的切迹。两手指并齐,中指放在切迹中点(剑突底部),食指平放在触电者胸骨下部,另一只手的掌根紧挨食指上缘,置于触电者胸骨上,如图 7-11 所示。

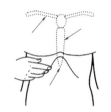
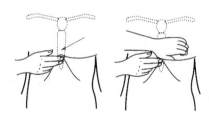
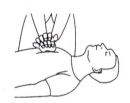

图 7-11　寻找正确的按压部位

3)救护人以髋关节为支点,利用上身的重力,垂直将触电者按压区处的胸骨压 3~5cm(儿童及瘦弱者酌减),以压出心脏里的血液。下压至规定深度后,迅速放松,使胸部利用其弹性恢复原状,心脏舒张,以便血液回流到心脏中,如图 7-12 所示。

4)胸外心脏按压要以均匀的速度进行。每分钟 80 次左右,每次按压和放松的时间应相等。按压必须有效,有效的标志是按压过程中可以触及颈动脉的搏动。

应当指出的是,人的心脏跳动和呼吸是相互联系的,心脏跳动停止,呼吸很快就会停止。呼吸停止,心脏跳动也维持不了多久。一旦呼吸和心跳都停止,应同时进行口对口呼吸和胸外心脏按压。其节奏若为单人

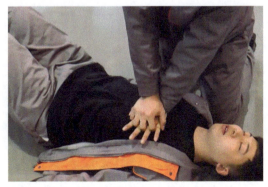

图 7-12　胸外按压

抢救时，每按压 15 次后吹气两次，反复进行。双人抢救时，每按压 5 次后由另一人吹气一次，反复进行。

对触电者实施口对口人工呼吸和胸外按压时，抢救过程要坚持不断，且不可轻率终止。在送往医院的途中也不能停止抢救。抢救过程中，如发现触电者皮肤由紫变红，瞳孔由大变小，则说明抢救已收到了效果。如果发现触电者嘴唇稍有开合或眼皮活动，或喉咙间有咽东西的动作，应注意触电者是否有自动心跳和呼吸。在正常的抢救过程中，当按压、吹气1min 后，应用看、听、试的方法在 5～7s 时间内完成对伤员呼吸和心脏是否恢复的再判断。但心脏、呼吸恢复的早期有可能再次骤停，应严密监护，要随时准备再次抢救。

在抢救伤员的过程中，若需要对触电者打"强心针"时，应持慎重态度，如没有可靠的诊断设备条件和足够的把握，不得乱用。

4. 外伤的处理

对于触电者电伤和摔跌造成的局部外伤，在现场救护中也应作适当处理，可防止细菌侵入感染及摔跌骨折刺破皮肤、周围组织、神经和血管，避免引起损伤扩大，同时可减轻触电者的痛苦和便于转送医院。

伤口出血，以动、静脉出血的危险性为最大。动脉出血，血色鲜红且状如泉涌；静脉出血，血色暗红且持续溢出。人体总血量大致有 4000～5000mL 左右，如果出血量超过 1000mL，可能引起心脏跳动停止而死亡，因此，如触电者有出血状况要立即设法止血。常用的外伤处理方法有：

1）一般性的外伤表面，可用无菌生理食盐水或清洁的温开水冲洗后，再用适量的消毒纱布、防腐绷带或干净的布类包扎，经现场救护后送医院处理。

2）压迫止血是动、静脉出血最迅速的止血法，即用手指、手掌或止血橡皮带在出血处供血端将血管压瘪在骨骼上而止血，同时，速送医院处理。

3）如果伤口出血不严重，可用消毒纱布或干净的布类叠几层盖在伤口处压紧止血。

4）对触电摔伤四肢骨折的触电者应首先止血、包扎，然后用木板、竹竿、木棍等物品临时将骨折肢体固定并速送医院处理。

任务二 除颤仪的使用

学习目标

1. 知道通过人体电流的等级类型。
2. 认知心室颤动的原因、症状。
3. 掌握手动除颤仪的操作方法。
4. 掌握自动除颤仪的操作方法。
5. 能够使用自动除颤仪对伤员进行除颤处理。

知识储备

一、电流对人体的影响

1. 人体承受电流的等级

按照人体触电后呈现的状态,可以将人体通过的电流分为感知电流、摆脱电流和室颤电流三个级别。

(1) 感知电流 在一定概率下,通过人体引起人有任何感觉的最小电流(有效值),称为该概率下的感知电流,感知电流的最小值称为感知阈值。

感知电流的概率曲线如图 7-13 所示。概率为 50% 时,成年男性平均感知电流约为 1.1mA,成年女性约为 0.7mA。

(2) 摆脱电流 在一定概率下,人触电后能自行摆脱带电体的最大电流,称为该概率下的摆脱电流,摆脱电流的最小值,称为摆脱阈值。摆脱电流与人体生理特征、电极形状、电极尺寸等因素有关。摆脱电流的概率曲线如图 7-14 所示。对应于概率 50% 的摆脱电流成年男子约为 16mA,成年女子约为 10.5mA,对应于概率 99.5% 的摆脱电流则分别为 9mA 和 6mA。儿童的摆脱阈值较小。

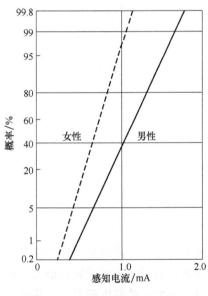

图 7-13 感知电流概率曲线

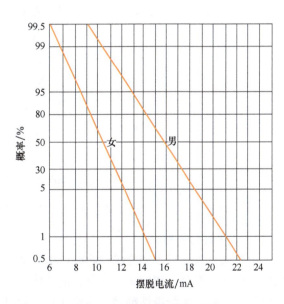

图 7-14 摆脱电流概率曲线

(3) 室颤电流 通过人体引起心室发生纤维性颤动的最小电流称为室颤电流,室颤电流的最小值称为室颤阈值。室颤电流是短时间内使人致命的最小电流。室颤电流受电流持续时间、电流途径、电流种类、人体生理特征等因素的影响。当电流持续时间超过心脏搏动周期时,人的室颤电流约为 50mA;当电流持续时间短于心脏搏动周期时,人的室颤电流约为数百毫安;当电流持续时间在 0.1s 以下时,如电击发生在心脏易损期,500mA 以上的电流可引起心室颤动,如图 7-15 所示。

下面根据以上电流等级对人体的影响结合通电持续时间做了总结。

如图 7-16 所示，a 线以左的 AC-1 区为无生理效应、没有感觉的带域。a 线与 b 线之间的 AC-2 区通常是有感觉，但没有害的生理效应的带域。b 线与 c_1 线之间的 AC-3 区通常是没有机体损伤、不发生心室颤动，但可能引起肌肉收缩和呼吸困难，心脏组织和心脏脉冲传导障碍，还可能引起心房颤动以及转变为心脏停止跳动等可复性病理效应的带域。c 线以右的 AC-4 区里除 AC-3 区各项效应外，还有心室颤动危险的带域。c_1 线上 500mA、100ms 点相应于心室颤动的概率为 0.14%。c_2 线相应于心室颤动的概率为 5%；c_3 线相应于心室颤动的概率为 50%。相应于 AC-4 区内的电流和时间，还可能引起呼吸中止、心脏停止跳动、严重烧伤等病理效应。c_1 线的特征是：当电击持续时间从 10ms 增至 100ms 时，室颤电流从 500mA 降至 400mA；当电击持续时间从 1s 增至 3s 时，室颤电流从 50mA 降至 40mA。两段曲线之间另用平滑曲线连接起来。

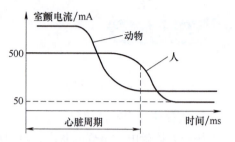

图 7-15 室颤电流的"Z"形曲线

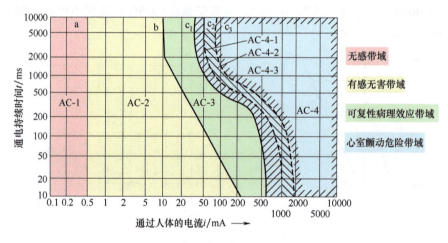

图 7-16 电流对人体作用的带域划分

2. 心室颤动的症状

电流通过人体后，能使肌肉收缩产生运动，造成机械性损伤，电流产生的热效应和化学效应可引起一系列急骤的病理变化，使肌体遭受严重的损害，但其对心脏的影响最大。极小的电流可引起心室纤维性颤动，导致死亡。通过人体的电流越大、热的生理反应和病理反应越明显，引起心室颤动所需的时间越短，致命的危险性越大。

心室颤动是小电流电击使人致命最多见和最危险的原因。发生心室颤动时，心脏每分钟颤动 1000 次以上，但幅值很小，而且没有规则，血液实际上已终止循环。发生心室颤动时的心电图如图 7-17 所示，心室颤动是在心电图上 T 波前半部发生的。

当人体遭受电击时，如果有电流通过心脏，可能直接作用于心肌，引起心室颤动。如果没有电流通过心脏，也可能经中枢神经系统反射作用于心肌，引起心室颤动。

由于电流的瞬间作用而发生心室颤动时，呼吸可能持续 2～3min。在其丧失知觉前，有

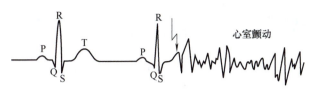

图 7-17 发生心室颤动的心电图

时还能叫喊几声，有的还能走几步。但是，由于其心脏已进入心室颤动状态，血液已终止循环，大脑和全身迅速缺氧，病情将急剧恶化，如不及时抢救，很快将导致死亡。

图 7-18 为正常情况与触电后心室颤抖心电图对比：

交流电对人体的损害作用比直流电大，不同频率的交流电对人体影响也不同，表 7-1 为毕格麦亚心脏搏动周期试验结果。人体对工频交流电要比直流电敏感得多，

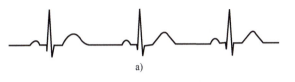

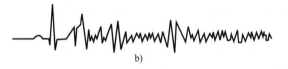

图 7-18 正常心电图与心室颤动心电图
a）正常心电图 b）心室颤动心电图

接触直流电时，其强度达 250mA 有时也不引起特殊的损伤，而接触 50Hz 交流电时只要有 50mA 的电流通过人体，如持续数十秒，便可引起心脏心室纤维性颤动，导致死亡。交流电中 28～300Hz 的电流对人体损害最大，极易引起心室纤维性颤动，20000Hz 以上的交流电对人体影响较小，故可用来作为理疗之用。我们平时采用的工频交流电源为 50Hz，从设计电气设备角度考虑是比较合理的，然而 50Hz 的电流对人体损害是较严重的，故一定要提高警惕，做好安全用电工作。

电流持续时间与损伤程度有密切关系，通电时间短，对肌体的影响小。通电时间长，对肌体损伤就大，危险性也增大，特别是电流持续流过人体的时间超过人的心脏搏动周期时对心脏的威胁很大，极易产生心室纤维性颤动。

表 7-1 毕格麦亚心脏搏动周期试验结果

50～60Hz 电流有效值/mA	通 电 时 间	人体的生理反应
0～0.5	连续（无危险）	未感到电流
0.5～5.0（摆脱极限）	连续（无危险）	开始感到有电流，未引起痉挛的极限，可以摆脱的电流范围（触电后能自动摆脱，但手指、手腕等处有痛感）
5.0～30	以数分钟为极限	不能摆脱的电流范围（由于痉挛，已经不能摆脱接触状态），引起呼吸困难，血压上升，但仍属可忍耐的极限
30～50	由数秒到数分钟	心律不齐，引起昏迷，血压升高，强烈痉挛，长时间将会引起心室颤动
50～数百毫安	低于心脏搏动周期	虽受到强烈冲击，但未发生心室颤动
	超过心脏搏动周期	发生心室颤动、昏迷，接触部位留有通过电流的痕迹（搏动周期相位与开始触电时间无特别关系）

(续)

50~60Hz 电流有效值/mA	通电时间	人体的生理反应
超过数百毫安	低于心脏搏动周期	即使通电时间低于搏动周期，如有特定的搏动相位开始触电时，发生心室颤动、昏迷，接触部位留有通过电流的痕迹
	超过心脏搏动周期	未引起心室颤动，将引起恢复性心脏停搏、昏迷，有烧伤致死的可能性

二、电除颤

1. 电除颤的目的

除颤即利用医疗器械或特定药品终止心脏颤动的过程。"除颤"一词通常特指用除颤器以对心脏放电的方式终止心室颤动的操作。一般除颤时最常用也是最有效的方法就是电除颤，被心肺复苏与心血管急救指南列为最高的推荐级。

电除颤的目的就是在短时间（数秒）内向心脏通以高压强电流，使颤动的心脏瞬间全部除极，消除异位性快速心律失常，使之转复为窦性心律（心脏的正常跳动）。

2. 早期除颤的意义

人员触电引起室颤时，越早进行电除颤处理，人员的获救概率就越大。如图7-19所示，3~5min内进行除颤，触电者的生存率为30%。6~8min内进行除颤，触电者的生存率降为20%。10min时进行除颤，触电者的生存率仅为5%以下。

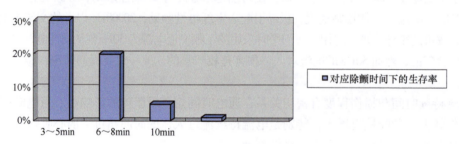

图7-19 除颤时间与生存率的关系

3. 除颤仪的分类

电除颤使用的仪器为除颤仪，又称电复律机，如图7-20所示。按照不同的分类标准，可有以下分类：

（1）按波形来分 可分为单相波除颤仪和双相波除颤仪。

1）单相波除颤仪：只发出一次电流，而电流流经身体的时间由身体的电阻决定。

2）双相波除颤仪：在发出一次电流后，可以发出一次反向的电流，而且能够控制电流流通的时间。这种控制传送电流和电流时间的能力使这种设备能通过调整来抵消并配合病人的阻抗来给予恰当的治疗。

单相波除颤仪一般最高放电能量为360J，双相波除颤仪一般最高电量为200J。单相波是半个正弦波，双相波是完整的正弦波。双相波的优点是单相波结束心脏干扰杂波后再给出一个方向的引导性电波，该引导性电波接近心脏正常电信号，因此能更有效激发起心脏的正常工作。双向波安全，与单相波相比，具有相等或更高的终止室颤的效率。

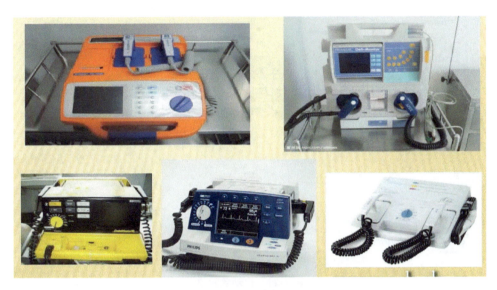

图 7-20　除颤仪

（2）按是否与 R 波同步来分　可分为非同步型除颤仪与同步型除颤仪。

1）非同步除颤仪在除颤时与患者自身的 R 波不同步，可用在心室颤动和扑动。

2）同步除颤仪在除颤时与患者自身的 R 波同步。一般是利用电子控制电路，用 R 波控制电流脉冲的发放，使电击脉冲刚好落在 R 波的下降支，这样使电击脉冲不会落在易激期，从而避免心室纤颤。可用于除心室颤动和扑动以外的所有快速性心律失常，如室上性及室性心动过速、心房颤动和扑动等。

（3）按电极板放置的位置来分　可分为体内除颤仪与体外除颤仪。

1）体内除颤仪是将电极放置在胸内直接接触心肌进行除颤的。早期除颤主要用于开胸心脏手术时直接电击心肌，这种体内除颤仪结构简单。现代的体内除颤仪是埋藏式的，这与早期体内除颤仪不大相同，它除了能够自动除颤以外，还能自动进行心电的监护、心律失常的判断、疗法的选择等。

2）体外除颤仪是将电极放在胸外，间接接触心肌除颤。目前，临床使用的除颤仪大都属于这类型。

（4）按自动化程度来分　可分为自动除颤仪与手动除颤仪。

1）手动除颤仪是把电极贴片贴到病人身上后，由救护人来选择能量焦耳对病人进行操作。

2）自动除颤仪是救护人只要把电极贴片贴到病人身上后，它会自动检测病人的心跳频率，根据病人的心跳频率自行选择能量（焦耳）来除颤，图 7-21 为常见的自动除颤仪。

（5）按输入电流来分　可分为交流电除颤仪与直流电除颤仪。原始的除颤仪是利用工业交流电直接进行除颤的，这种除颤仪常会因触电而伤亡。因此，目前除心脏手术过程中还有用交流电进行体内除颤（室颤）外，一般都用直流电除颤仪。

由于自动除颤仪（AED）具有自动分析心律、自动充电、能量固定、轻便、操作简单、易学等特点，因此，对于电动汽车使用人员及维修人员来说，一般掌握自动除颤仪的使用方

图 7-21 自动除颤仪

法即可。

自动除颤仪一般在医院、诊所、救护车、机场、大型商场、健康俱乐部、体育馆、娱乐场所、地铁站等都有放置，如图 7-22 所示。

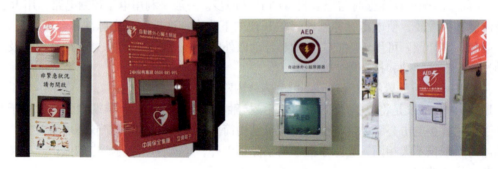

图 7-22 公共场所的除颤仪

4. 影响除颤效能的因素

影响除颤效能的因素主要有以下几个方面：

（1）除颤时间　除颤时间是影响除颤效能最重要的因素。大量研究证实：从心室颤动开始到除颤的时间越长，除颤成功的可能性就越小，其每延迟 1min，心室颤动致心脏骤停患者的生存率就下降 7%~10%。心搏骤停患者最常见和最初发生的心律失常是心室颤动。心室颤动发生 10s 就会出现脑部缺氧症状，发生 5min 以上脑中三磷腺苷将耗尽，因此，心搏骤停发生后 5min 内是心肺复苏术的黄金时间。如果急救人员目击成人心搏骤停且现场有体外除颤仪时，应立即使用除颤仪进行除颤。

（2）除颤波形　根据除颤仪电流脉冲通过心脏的方向，除颤仪分为单相波除颤仪和双相波除颤仪，单相波除颤仪只有一个时相，而双相波除颤仪为阻抗补偿双相衰减指数波形，依次有 2 个时相。大量研究表明，双相波除颤仪明显优于单相波除颤仪，双相波除颤仪具有明显的优势：

1）除颤电流随胸壁阻抗值变化自动调整，首次电击成功率较高，在除颤过程中，峰值电流明显减小，对心肌细胞的损伤及灼伤患者皮肤的可能性降低。

2）通过反方向的第二相电流消除第一相残留电荷，可有效防止除颤后室颤复发。因此，临床应用中应首选双相波除颤。

（3）电极位置　电极的安置部位应使除颤电流最大限度地通过心肌，如电极位置安装不当，将会导致除颤失败。临床应用中电极的安装位置有三种：

1）标准位置（双前位）：患者仰卧位，一个电极放置在胸骨右缘第2肋间即胸骨右侧锁骨下；另一个电极放置在左侧腋前线第5肋间即左侧乳头左下方，此方法临床应用最为广泛，如图7-23所示。

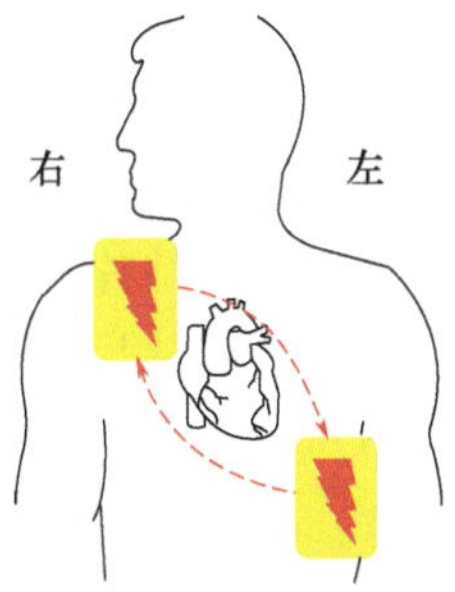

2）前后位：一个电极放置在胸骨右缘第2、3肋间；另一个电极放置在左背肩胛骨下角部（避开椎骨），此方法临床应用较少。

3）尖后位：一个电极放置在心尖部；另一个电极放置在右背肩胛骨下角部，适用于右胸部装有永久起搏器者，当为戴有永久起搏器和埋藏式心肌纤维除颤仪（ICDs）的患者进行心脏复律和除颤时，不要将电极置于这些装置的上方或靠它们太近，否则可能会造成起搏器失灵。

图7-23　除颤电极应放置的位置

（4）经心电流　除颤电流中仅有约5%的电流（即经心电流）通过心脏，将能量释放给心脏起到除颤的作用，其余的电流则被分流，未向心脏释放能量。决定经心电流大小的重要因素是电击能量和胸壁阻抗。

1）电击能量。理想的电击能量尚无定论，但可确定的是能量越小，对心肌的损害也越小。如能量超过400J，就可能发生轻微心肌坏死。目前，临床上单向波电击能量应控制在200～400J，双向波除颤能量应控制在200J以内。《2005年美国心脏协会心肺复苏与心血管急救指南》建议：MDS除颤仪对成人实施除颤时，无论是首次还是后续电击一律采用360J。对成人除颤时，BTE除颤仪首次电击能量为150～200J，RBW除颤仪首次电击能量为120J。如不熟悉设备有效能量范围，首次电击为200J，其后能量相同或更高。若成功除颤后心室颤动频发，再次除颤时采用先前成功除颤的电击能量，对儿童（1～8岁或体重25kg）除颤时，无论是单相波还是双相波除颤，首次电除颤均按2J/kg选择能量，其后按4J/kg选择能量。

2）胸壁阻抗。胸壁阻抗是指除颤电流通过心脏时受到的阻力，成人平均阻抗值为70～80Ω。胸壁阻抗越大，除颤的阻力越大，可引起经心电流不足，导致除颤失败。胸壁阻抗越小，除颤的阻力越小，如经心电流过高，将损害心肌。因此，必须尽量采取措施，合理调节胸壁阻抗，影响胸壁阻抗的因素有电极面积大小、电极与皮肤接触是否良好、电极之间的距离、通气时相、除颤的次数等。只有正确处理这些影响因素，才能有效调节胸壁阻抗，确保足够而安全的经心电流通过心脏，从而成功除颤。

① 确保适当的电极面积。中国医疗器械行业协会推荐：最小单个电极面积为50cm^2。成人除颤电极直径为8～12cm。

② 确保电极贴片与皮肤接触紧密，将电极膏涂抹在电极贴片上，在患者皮肤上垫上盐水纱布或贴上黏合式电极衬垫等导电材料（目前没有证据说明其中哪种方式更能降低阻抗），以增加其导电性。同时，使电极与皮肤接触紧密。两个电极贴片之间要保持干燥，避免因电极膏或盐水相连而造成短路。对于胸壁有较多汗毛的患者，在有必要的情况下可剃除

电极预置处的汗毛。以便使电极贴片（电极衬垫）与皮肤接触紧密。除颤时电极贴片边缘不能翘起，并对电极贴片施加足够的压力，使电极贴片与皮肤充分接触。

综上所述，利用除颤仪除颤是救治心室颤动患者最重要的手段。尽量缩短除颤的时间及选择双相波除颤仪，选择恰当的电极安装位置及除颤电击能量并合理调节胸壁阻抗是确保除颤仪除颤成功的前提。其中，除颤时机的把握是影响除颤效能的关键因素。

5. 除颤仪的操作步骤

（1）手动除颤仪

1）打开电源。

2）分析心率。

3）设置能量。

4）电极贴片上涂导电膏。

5）电极贴片紧贴胸部。

6）按充电开关充电。

7）确认所有人都离开患者。

8）同时按下两个放电按钮放电。

9）电极板归位。

（2）自动除颤仪

1）打开自动除颤仪。

2）将自动除颤仪电极贴片贴在患者裸露胸部，电极贴片部位：胸部右上方锁骨正下方，左乳头侧腋下方。

3）离开患者，分析心律（喊出："别人离开"，避免其他人触电）。

4）建议除颤操作，再次确认所有人均离开患者，按下电击键。

6. 注意事项

1）电极的选择：成人用（8岁以上）、儿童用。

2）电极贴片位置：防止相连，婴儿可前胸后背放置。

3）能量选择：

8岁以上：手动除颤仪：200J（双相波），360J（单相波）。

8岁以下：0.1J/kg 或儿童衰减器 AED。

4）安全。

5）两电极贴片贴紧患者皮肤，以免给病人造成烧伤。不要接触任何金属表面，以免造成导电。

6）为戴有永久起搏器和埋藏式心肌纤维除颤器（ICDs）的患者进行心脏复律和除颤时，不要将电极置于这些装置的上方或靠它们太近，否则可能会造成起搏器失灵。

三、使用手动除颤仪除颤

1. 准备器材

1）除颤仪，如图 7-24 所示。

2）电极贴片 4 片，其中 2 个备用，如图 7-25 所示。

项目七 高压安全事故应急处理

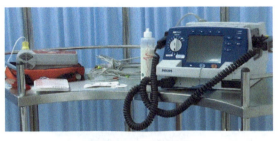

图 7-24 手动除颤仪

图 7-25 电极贴片

3）导电膏如图 7-26 所示。

4）纱布（干纱布 3 块，酒精纱布 2 块），如图 7-27 所示。

图 7-26 导电膏

图 7-27 纱布

2. 除颤处理的操作流程

1）了解评估患者的病情状况，判断患者是否意识消失，呼吸是否断续或停止，测量患者的颈动脉，判断动脉搏动是否消失，然后立即呼救（按铃）。

2）暴露伤员胸部，进行徒手胸部按压，一边按压一边等待除颤设备准备完毕。

3）设备准备完毕后，将一块绝缘板置于伤员身下，一个人继续做胸外按压，另一人清洁导联部位皮肤，安装电极贴片，迅速连接心电监护导联线，避开除颤部位。

4）迅速开启除颤仪，调试除颤仪至监护位置，显示患者心律，如图 7-28 所示。

5）取下除颤仪电极板，涂以专用的导电膏，并均匀分布在两块电极板上，选择焦耳数，对电极板充电。

6）确定手动除颤电极板正确安放在胸部位置，前电极板放在胸骨外缘上部、右侧锁骨下方；外侧电极板放在左下胸、乳头左侧、电极板中心在腋前线上，两电极板距离应不小于 10cm，并观察心电波形，确定为室颤。

7）操作者要喊出："充电，请旁人离开"的警示语。环顾四周，待确定周围无人员直接或间接与患者接触后，操作者双手拇指同时按压放电按钮电极除颤。

8）从启用手动除颤电极板至第一次除颤完毕，全过程不超过 20s，放开后即进行 5 个周期 CPR（心肺复苏）。如室颤未能复律，继续上述过程。

9）除颤结束或除颤成功后，调整除颤旋钮至监护，擦干患者胸壁皮肤，清洁除颤电极板，正确归位，关机。收留并标记除颤时心电自动描记图纸。

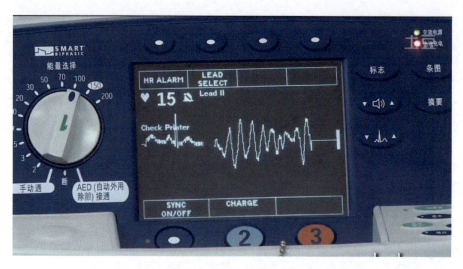

图7-28 手动除颤仪界面

四、使用自动除颤仪除颤

1. 自动除颤仪

与医院中专业除颤仪不同的是，只需要短期的教学即可学会使用自动除颤仪（AED）。机器本身会自动判读心电图，然后决定是否需要电击。

全自动机型只要求施救者替病患贴上电极贴片，即可自行判断并在需要时产生电击。半自动机型则会提醒施救者按下电击钮。在大部分的场合，施救者即使误按了电击钮，除颤仪也不会做出电击。有些机型更可使用在儿童身上（低于25kg或小于8岁），但一般必须选择儿童专用的电极贴片。

在美国，自动除颤仪皆采用机器合成语音对施救者下指令。但因为施救者有可能是听障、重听患者或是听不懂英语，很多机型目前同时都附有屏幕提供信息及图示以提醒施救者。大部分的机型都是针对非医疗工作人员所设计的。自动除颤仪是继心肺复苏术后，使心脏急救可以推广至大众的重要发明。

2. 除颤处理的操作流程

使用自动除颤仪，可根据自动除颤仪的语音提示进行操作。一名人员对伤员进行徒手心肺复苏，同时，另一名人员取出除颤仪和电极，正确粘贴电极贴片，连接电极贴片与自动除颤仪，如图7-29所示，最后再根据提示进行除颤操作。具体操作如下：

1）开启自动除颤仪，打开自动除颤仪的盖子，依据视觉和声音的提示操作（有些型号需要先按下电源）。

2）给患者贴电极贴片。在患者胸部适当的位置上，紧密地贴上电极贴片。通常而言，两块电极贴片分别贴在右胸上部和左胸左乳头外侧，具体位置可以参考贴片机壳上的图样和电极贴片上的图片说明，也有使用一体化电极贴片的贴片。

3）将电极板插头插入贴片的主机插孔。

4）按下"分析"键（有些型号在插入电极板后会发出语音提示，并自动开始分析心律），在此过程中请不要接触患者，即使是轻微的触动都有可能影响自动除颤仪的分析。分

项目七　高压安全事故应急处理

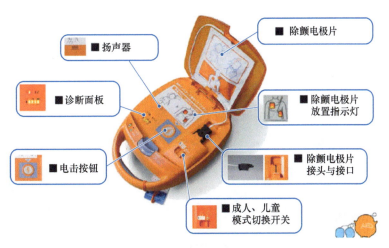

图 7-29　自动除颤仪

析完毕后，自动除颤仪将会发出是否进行除颤的建议。当有除颤指征时，不要与患者接触，同时告诉附近的其他人员远离患者，由操作者按下"放电"键除颤。

5）除颤结束后，自动除颤仪会再次分析心律，如未恢复有效再灌注心律，操作者应进行 5 个周期心肺复苏（CPR），然后再次分析心律、除颤、CPR，反复至急救人员到来。

3. 电除颤注意事项

1）如遇儿童需要进行除颤时，应使用儿童电极贴片。

2）在除颤前，注意让医务人员及家属远离病人的床单位（床单位设备包括床、床上用品、床旁桌椅等），不要碰到电极导电膏或盐水纱布。

3）除颤时，将两电极贴片贴近压实患者皮肤，以免给病人造成烧伤。不要接触任何金属表面，以免造成导电。

4）如病人为细颤，应用静脉推注肾上腺素 1mg 使细颤变为粗颤，再除颤。

5）贴电极贴片处应清洁干燥，避开除颤及心电图导联位置。

6）远离高频电磁波，以免影响仪器正常使用。

7）如有体外起搏器的患者，应除去体外除颤电极贴片，安装体外起搏电极膜，使用除颤仪屏幕下方的按钮。

8）加强除颤仪的电池保养。每周定时给蓄电池充电 24h，使用后的除颤仪应立即充电 24h。

4. 电除颤并发症

1）局部皮肤灼伤（严重灼伤多因电极贴片与皮肤接触不良）。除颤后应注意观察患者局部皮肤有无灼伤的出现。轻者一般无须特殊处理，较重者按一般烧伤处理。

2）栓塞：心、肺、脑、下肢栓塞。

3）心律失常：几秒内可自行恢复。

4）心包填塞（外伤性心脏破裂或心包内血管损伤造成心包腔内血液积存称为心包填塞）。

5）乳头肌功能断裂。

6）心脏破裂。

7）低血压（可能与高能量电除颤造成的心肌损害有关）。

8）急性肺水肿（多出现在电除颤后 1~3h 内，也可能发生在电除颤 24h 后）。

101

Project 8

项目八

高压系统故障检测

项目八 高压系统故障检测

任务 高压系统绝缘故障排查

学习目标

1. 了解高压系统绝缘性能要求。
2. 掌握高压零部件绝缘阻值检测方法。
3. 能够完成高压系统绝缘故障排查。

一、高压系统对地绝缘性能要求

电动汽车上包含各种高压电气设备，良好的绝缘不仅能保证电气设备和电力路线的正常运行，还能防止操作人发生触电事故。

电动汽车标准将绝缘等级分为3等：低于100Ω/V 表示绝缘等级差；100～500Ω/V 表示绝缘等级良；大于500Ω/V 表示绝缘等级优。

高压部件绝缘性能要求见表8-1。

表8-1 高压部件绝缘性能要求

高压零部件	标 准 值
动力蓄电池	动力蓄电池正极绝缘电阻≥1.4MΩ；负极绝缘电阻≥1.0MΩ
车载充电机	环境温度23℃±2℃和相对湿度45%～75%时，车载充电机正负极输出与车身（外壳）之间的绝缘电阻≥1000MΩ 环境温度23℃±2℃和相对湿度90%～95%时，车载充电机正负极输出与车身（外壳）之间的绝缘电阻≥20MΩ
DC/DC变换器	环境温度23℃±2℃和相对湿度80%～90%时，高压输入与车身（外壳）绝缘电阻≥1000MΩ 环境温度-20～65℃和工作湿度5%～85%时，高压输入与车身（外壳）绝缘电阻≥20MΩ
空调压缩机	向空调压缩机内充入50cm³±1cm³ 的冷冻机油和63g±1g 的HFC-134a制冷剂后，空调压缩机正负极对车身（外壳）的绝缘电阻≥5MΩ 清空空调压缩机内部的冷冻机油后，空调压缩机正负极对车身外壳的绝缘电阻≥50MΩ
PTC	PTC正负极与车身（外壳）绝缘阻值≥500MΩ
电机控制器、驱动电机	电机控制器正负极输入端子与车身（外壳）绝缘电阻值≥100MΩ
熔断器盒	高压控制盒端（动力蓄电池输入，驱动电机控制器输出）与车身（外壳）绝缘阻值为无穷大

103

二、绝缘故障诊断排查

1. 绝缘故障报警

BMS 承担绝缘故障检测功能，当检测到高压系统的绝缘电阻值不满足安全要求时，BMS 将对应的绝缘故障码上报给上位机，整车上则由组合仪表来进行故障码显示和故障灯报警。当组合仪表上显示了故障码或报警灯时，表示此时车辆出现了绝缘故障，必须马上进行故障排查，以免出现人身安全事故。

2. 绝缘故障排查步骤

由于绝缘检测系统无法对绝缘故障点进行定位，故需要进行逐步的人工排查。在进行高压回路的排查前，为了确保安全，一定要按照相应的高压安全操作规程进行作业，操作人员按规定穿戴好防护用品，检查工具的绝缘性。操作时应戴绝缘手套，穿绝缘安全鞋，站在绝缘台上。

绝缘故障排查步骤如下：

1）举升车辆，以便于车辆底部的操作。

2）拆卸动力蓄电池护板，拔掉动力蓄电池高压母线插件，高压回路此时被分成了两个部分，前部为安装于车辆前机舱的高压用电设备，后部为安装于车辆底部的动力蓄电池。

3）用绝缘万用表测量动力蓄电池端和负载端的绝缘阻值，动力蓄电池端正负极绝缘阻值取最小值，称为绝缘 a；负载端正负极绝缘阻值取最小值，称为绝缘 b。若绝缘 a 低于报警电阻阈值，而绝缘 b 阻值正常，说明绝缘故障在发生在动力蓄电池端，反之则在前部的负载端，如果绝缘 a、b 均过低，则前后部均存在故障。

4）如果绝缘问题发生在负载端，则依次拔掉高压控制盒的高压电器负载接线，如驱动电机、DC/DC 变换器、空调压缩机、PTC、车载充电机等，同时测量高压配电箱内的总正、总负对底盘的绝缘电阻。如上述某个负载接线拔掉后，绝缘正常或者提升了，说明该负载存在绝缘问题，依次拔掉所有负载，即可确认故障点。

依据上述排查步骤，基本上能够确认发生绝缘电阻过低的原因及故障高压部件，此方法主要是将零散的故障种类和部件进行了分类，先排除系统线路连接的故障，然后将重点集中在高压部件的绝缘过低上；在检查高压回路时，也将该回路分成前后两个部分进行排查，缩小了排查目标，提高排查效率。而对于车辆前机舱的高压用电部件排查，也是集中在高压配电箱上进行，能有效提高排查速度并准确定位故障点。

3. 高压零部件的绝缘检测方法

高压零部件的绝缘检测方法见表 8-2。

表 8-2 高压零部件的绝缘检测方法

高压零部件	检 测 方 法
动力蓄电池	将绝缘电阻表黑表笔接于车身，红表笔逐个测量动力蓄电池正负极端子
车载充电机	1）将辅助蓄电池负极断开 2）拔掉高压控制盒八芯插头 3）将绝缘电阻表黑表笔接于车身，红表笔逐个测量高压控制盒八芯插头的 B（正极）H（负极）

（续）

高压零部件	检测方法
DC/DC 变换器	1）将辅助蓄电池负极断开 2）拔掉高压控制盒八芯插头 3）将绝缘电阻表黑表笔接于车身，红表笔逐个测量 A（正极）G（负极）
空调压缩机	1）将辅助蓄电池负极断开 2）拔掉高压控制盒八芯插头 3）将绝缘电阻表黑表笔接于车身，红表笔逐个测量 C（正极）F（负极）
PTC	1）将辅助蓄电池负极断开 2）拔掉高压控制盒八芯插头 3）将绝缘电阻表黑表笔接于车身，红表笔逐个测量 D（正极）E（负极）
电机控制器、驱动电机	1）将辅助蓄电池负极断开 2）拔掉高压控制盒电机控制器输入插头 3）将绝缘电阻表黑表笔接于车身，红表笔逐个测量正负极端子
高压控制盒	1）将辅助蓄电池负极断开 2）拔掉高压控制盒八芯插头、动力蓄电池输入插头、驱动电机控制器输出插头 3）将绝缘电阻表黑表笔接于车身，红表笔逐个测量高压控制盒端（动力蓄电池输入，电机控制器输出）

参 考 文 献

[1] 黄文进，尹爱华. 新能源汽车电学基础与高压安全 [M]. 北京：机械工业出版社，2018.
[2] 赵金国，李治国. 新能源汽车高压安全与防护 [M]. 北京：人民交通出版社，2017.

"十三五" 职业教育新能源汽车专业 "互联网+" 创新教材

电动汽车使用与安全防护实训工单

主　编　简玉麟　沈有福
副主编　王酉方
参　编　汤思佳　武晓斌　李　波　王玉珊
　　　　胡锦达　鲁亚云　王　峰　田永江
　　　　丁　杰　孟范辉　高　伟　刘振涛
　　　　王爱国

机械工业出版社

目录

项目一　电动汽车基本使用 ··· 1
　实训一　电动汽车驾驶操作 ·· 1
　实训二　电动汽车充电 ·· 5
　实训三　电动汽车智能客户端的使用 ·· 10
项目二　电动汽车安全使用 ··· 14
　实训一　日常维护保养 ·· 14
　实训二　消防安全应急处理 ··· 19
项目三　电动汽车故障应急处理 ·· 23
　实　训　电动汽车无法起动应急处理 ·· 23
项目四　高压作业安全防护 ··· 27
　实训一　高压个人防护用具的使用 ·· 27
　实训二　高压作业前准备工作 ··· 32
　实训三　高压断电操作 ·· 39
项目五　高压系统的认知 ·· 45
　实训一　电动汽车高压部件的识别 ·· 45
　实训二　电动汽车高压线束的认知 ·· 52
项目六　车辆高压安全设计 ··· 58
　实训一　车辆高压安全指标的测试 ·· 58
　实训二　车辆高压互锁回路的验证 ·· 62
　实训三　车辆高压线束安全检测 ··· 69
项目七　高压安全事故应急处理 ·· 78
　实训一　心肺复苏急救流程 ··· 78
　实训二　除颤仪的使用 ·· 83
项目八　高压系统故障检测 ··· 88
　实　训　高压系统绝缘故障排查 ··· 88

项目一 电动汽车基本使用

实训一 电动汽车驾驶操作

学院		专业	
姓名		学号	
小组成员		组长姓名	

一、接收工作任务　　成绩：

　　王磊是新能源汽车服务站一名学徒工,近期站内增加了一批电动汽车,站长刘毅组织大家熟悉这批电动汽车,其中有一项是电动汽车驾驶操作。王磊上车后,按照操作要点进行驾驶操作。

二、信息收集　　成绩：

　　1)电动汽车起步前应注意驻车制动手柄是否松开,并确认变速杆在 N 位。

　　① 钥匙开关打到_____位,暂停 2~3s,该过程为_____、_____过程。此时所有仪表、警告灯和电路可以工作。高压上电完毕,检查各种仪表指示是否正常,READY 指示灯是否点亮。

　　② READY 指示灯点亮,可以挂档行车。

　　2)请填写以下表格中各档位对应含义。

档位符号	R	N	D	E	E+	E-
对应档位						

　　3)(多选题)电动汽车停止时需要做的操作有(　　)。

　　A. 拉起驻车制动手柄　B. 将档位开关置于空档　C. 钥匙开关旋至 LOCK 位

　　D. 关闭所有车窗门并锁上车门　E. 确保车灯已熄灭

　　F. 如车辆停放在斜坡上且无人看管时,必须垫好车轮挡块

　　G. 不要将无人照看的儿童单独留在车内,儿童可能误操作车辆上的控制装置而导致事故

　　H. 中途停车,要选择合适、安全的停车地点

三、制订计划　　成绩：

　　1)根据电动汽车驾驶任务要求,制订计划。

操作流程		
序　号	作业项目	操作要点
计划审核	审核意见： 　　　　　　　　　　　　　　　　　　　　年　月　日　签字：	

2）请根据作业计划，完成小组成员任务分工。

操　作　人		记　录　员	
监　护　人		展　示　员	
作业注意事项			

① 车辆钥匙统一由教师保管。
② 学生操作时必须由教师在身边指导监护。
③ 实训应当在道路环境无行人的情况下进行。
④ 学生应当有初步驾驶经验，车速应不超过 30km/h。

检测设备、工具、材料			
序　号	名　称	数　量	清　点
			□已清点
			□已清点
			□已清点

四、计划实施　　　　成绩：

1）电动汽车使用前的检查。

周围是否无障碍物	□是　□否
轮胎是否正常	□是　□否
车窗玻璃及后视镜工作是否正常	□是　□否
转向盘、座椅、安全带是否调整好	□是　□否
制动踏板和驻车制动器工作是否正常	□是　□否

2）检查完毕后，系好安全带，起动车辆。

	钥匙开关初始档位	□LOCK □ACC □ON □START
	起动时换档旋钮档位	□R □N □D □E
	低压上电档位	□LOCK □ACC □ON □START
	车辆起动档位	□LOCK □ACC □ON □START

3）车辆起动后，先检查车辆电量状态。

	仪表盘 READY 灯	□点亮 □熄灭
	是否有故障灯点亮	□有 □无
	剩余电量	_____%
	续驶里程	_____km

4）车辆起动后，若无故障，则挂档行车。

	行车时换档旋钮档位	□R □N □D □E
	行车时驻车制动器位置	□放下 □拉起
	起步转向灯	□左转向灯 □右转向灯
	挂档时制动踏板状态	□踩下 □释放

5）行驶一段距离后停车。

	行驶最高车速	_____km/h
	停车时转向灯位置	□左转向灯 □右转向灯
	停车后换档旋钮档位	□R □N □D □E
	停车后驻车制动器位置	□放下 □拉起
	车钥匙档位	□LOCK □ACC □ON □START

五、质量检查　　**成绩：**

请实训指导教师检查本组作业结果，并针对实训过程出现的问题提出改进措施及建议。

序　号	评价标准	评价结果
1	行车前能规范检查车辆周围环境	
2	能在车辆起动时检查档位等状态	
3	能正确起动车辆并记录仪表信息	
4	行车时规范使用转向灯、喇叭，规范操作转向盘	
5	停车时能规范停靠熄火	
综合评价	☆ ☆ ☆ ☆ ☆	
综合评语 （作业问题及改进建议）		

六、评价反馈　　　　　成绩：

请根据自己在课堂中的实际表现进行自我反思和自我评价。

自我反思：_____。

自我评价：_____。

实训成绩单

项　目	评分标准	分　值	得　分
接收工作任务	明确工作任务，理解任务在企业工作中的重要程度	5	
信息收集	熟练掌握电动汽车起动、行驶、停车相关操作要领	15	
制订计划	按规范驾驶要求制订车辆驾驶操作计划	5	
计划实施	行车前有检查车辆周围环境的动作	5	
	起动车辆时能检查档位、座椅、后视镜等情况	10	
	上电后能观察仪表信息	5	
	行驶中能规范操作转向盘、转向灯、加速踏板、制动踏板	25	
	停车时能正确停车、熄火	10	
质量检查	任务完成，操作过程规范	10	
评价反馈	能对自身表现情况进行客观评价	5	
	在任务实施过程中发现自身问题	5	
得分（满分100）			

实训二　电动汽车充电

学院		专业	
姓名		学号	
小组成员		组长姓名	

一、接收工作任务　　　　　　　　　　成绩：

客户王先生两年前购买了一款北汽新能源 EV 系列纯电动汽车，最近充电时发现，无论是快充还是慢充，车辆都充不了电。新能源汽车服务有限公司维修车间的技师刘强对车辆进行检查后，发现是高压控制盒故障。故障修复完毕后，交与学徒工王磊进行车辆快慢充验证。

二、信息收集　　　　　　　　　　成绩：

1) 请查阅相关资料，完成以下信息的填写。

电动汽车行驶消耗的是动力蓄电池的能量，动力蓄电池电量消耗后需要补充电量。通过把电网或者其他储能设备中的电能转移到车辆动力蓄电池的过程就是充电。根据人们充电的方式的不同，充电模式可分为：_____、_____、_____、_____。

2) 请说明充电桩的类型有哪些？

按照安装方式可分为_____、_____；按照安装地点可分为_____、_____；按充电接口数可分为_____、_____；按照充电方式可分为：_____、_____和_____。

3) 请说明充电界面各数值的含义。

1.	4.
2.	5.
3.	6.

三、制订计划　　　　　　　　　　　　　成绩：

1）请根据纯电动汽车充电操作流程的要求，制订作业计划。

操作流程		
序　号	作业项目	操作要点

计划审核	审核意见： 　　　　　　　　　　　　　　　　　　年　月　日　签字：

2）请根据作业计划，完成小组成员任务分工。

操 作 人		记 录 员	
监 护 人		展 示 员	

作业注意事项
① 实训前需检查车辆是否停放到位，充电连接装置是否破损。 ② 实训时远离火源及可燃物，保证场地通风，避开雨雪天气。 ③ 充电过程中严格遵守课堂纪律，严禁私自触摸、拆卸充电设备。 ④ 实训时按要求完成充电操作流程即可，不需要将车辆充满电量。

检测设备、工具、材料			
序　号	名　称	数　量	清　点
			□ 已清点
			□ 已清点
			□ 已清点
			□ 已清点
			□ 已清点
			□ 已清点

四、计划实施　　　　　　　　　　　　　成绩：

1）请完成纯电动汽车充电作业前的电量检查，并记录信息。
记录整车上电仪表信息。

钥匙开关位置	□START □ON □ACC □LOCK
档位位置	□R □N □D □E
动力蓄电池 SOC	_____%

2）请完成交流充电桩慢充操作流程，并记录信息。

① 拉开慢充充电盖板开启手柄。

盖板开启手柄位置	
慢充口位置	

② 打开充电盖板并检查慢充口。

检查充电盖板：	□正常弹开 □无法弹开
慢充口端子数量：	□5个 □7个 □9个
检查充电口外观：	□外观正常 □存在异物 □触头受损

③ 打开交流充电桩充电口盖，连接充电桩端和车端充电枪。

检查充电口盖：	□正常弹开 □无法弹开
充电桩端充电枪连接状态：	□紧固连接 □连接松动
车端充电枪连接状态：	□紧固连接 □连接松动

④ 按照充电桩使用方法，将充电卡进行刷卡/插卡操作，输入密码，选择充电方式。

充电方式：	
充电桩指示灯：	□电源 □连接 □充电 □故障

⑤ 检查仪表充电信息是否正常。

充电电压：_____V	充电电流：_____A
充电线连接指示灯：□点亮 □熄灭	
仪表故障信息：□无 □有 _____	

⑥ 充电结束后，充电桩显示账单结算。清理场地，断开充电桩端和车端充电枪。

充电时间：_____ min
充电枪是否断开：□是　□否
充电桩指示灯：□电源　□连接　□充电　□故障

3）请完成直流充电桩快充操作流程，并记录信息。
① 打开充电盖板并检查快充口，连接充电枪。

快充口位置：
检查充电盖板：□正常弹开　□无法弹开
慢充口端子数量：□5个　□7个　□9个
检查充电口外观：□外观正常　□存在异物　□触头受损
充电枪连接状态：□紧固连接　□连接松动

② 按照充电桩使用方法，将充电卡进行刷卡/插卡操作，输入密码，选择充电方式。

充电方式：
充电桩指示灯：□电源　□连接　□充电　□故障

③ 检查仪表充电信息是否正常。

充电电压：_____V　　充电电流：_____A
充电线连接指示灯：□点亮　□熄灭
仪表故障信息：□无　□有

④ 充电结束后，充电桩显示账单结算。清理场地，断开充电桩端和车端充电枪。

充电时间：_____ min　　充电金额：_____元
充电枪复位：□已复位　□未复位
关闭充电盖板：□已关闭　□未关闭

五、质量检查　　成绩：

请实训指导教师检查作业结果，并针对实训过程出现的问题提出改进措施及建议。

序　号	评 价 标 准	评 价 结 果
1	规范完成充电前准备工作	
2	规范完成充电操作流程	
3	正确如实记录数据信息	
4	场地恢复及现场5S管理	
综合评价	☆ ☆ ☆ ☆ ☆	
综合评语 （作业问题及改进建议）		

六、评价反馈　　　　　　　　成绩：

请根据自己在课堂中的实际表现进行自我反思和自我评价。

自我反思：_____
_____。

自我评价：_____
_____。

实训成绩单

项　　目	评价标准	分　值	得　分
接收工作任务	明确工作任务及工作过程要求	5	
信息收集	掌握工作相关知识及操作要点	10	
制订计划	计划合理可行	10	
计划实施	完成充电前的准备工作	10	
	完成车辆充电口检查	10	
	正确完成慢充充电及数据记录	15	
	正确完成快充充电及数据记录	15	
	场地恢复及现场5S管理	10	
质量检查	按照要求完成相应任务	5	
评价反馈	经验总结到位，合理评价	10	
得分（满分100）			

实训三　电动汽车智能客户端的使用

学院		专业	
姓名		学号	
小组成员		组长姓名	

一、接收工作任务　　　　　　　　　　成绩：

　　刘强是新能源汽车服务站一名从业多年的维修技师，对汽车电脑、计算机非常熟悉。最近店内新增了新能源汽车的销售业务，新来的销售顾问王天聊天时问起远程控制终端的使用方法，刘强为其演示讲解。

二、信息收集　　　　　　　　　　　　成绩：

　　1) C33DB 远程控制平台由 _____、_____ 和 _____ 三部分组成。

　　2) 车载终端能够与整车控制器（VCU）通过 _____ 进行通信，服从 _____ 的控制命令，获取整车的相关信息；用 _____ 对车辆进行定位；将大量数据存储到 _____ 中，经存储的数据可由分析处理软件读取和分析；能将信息按照规定的时间和数据量，以 _____ 的方式发送到服务平台。

　　3) 云钥匙用户服务网后台管理界面主要提供给 _____、_____ 使用。

　　4) 手机 APP 核心功能为 _____、_____、_____、_____、_____。

　　5)（多选题）车主登录北汽新能源手机 APP 后，车辆在线时可以查看此时车辆的实时状态，包括（　　）。

　　A. 当前总里程　　B. 剩余电量　　C. 续驶里程　　D. 电芯最高/低温度
　　E. 是否充电　　　F. 空调状态　　G. 电机控制器数据流

　　6) 车主可以远程控制空调即时打开，可以选择 _____ 和 _____。

三、制订计划　　　　　　　　　　　　成绩：

　　1) 根据电动汽车远程控制功能，制订操作使用计划。

操作流程		
序 号	作业项目	操作要点

| 计划审核 | 审核意见：

年 月 日 签字： | |

2）请根据作业计划，完成小组成员任务分工。

操 作 人		记 录 员	
监 护 人		展 示 员	
作业注意事项			

① 使用远程控制 APP 时需要有 WiFi 或者移动数据流量的环境。
② 当 APP 卡顿时，需耐心等待，切勿连续操作。
③ 充电操作时，需保证车辆无故障，并且连接好充电线。
④ 操作控制空调时，请勿长时间开启，并记得使用完成后关闭。

检测设备、工具、材料			
序 号	名 称	数 量	清 点
			□已清点
			□已清点
			□已清点
			□已清点

四、计划实施　　成绩：

1）打开北汽新能源汽车远程开关按钮，打开后锁好车辆。

	远程开关位置	
	远程开关文字	
	使用时远程开关状态	□关闭　□打开
	车锁状态	□锁止　□打开

2）打开手机 APP，查看车辆状态信息。

当前总里程	_____ km
剩余电量	_____ %
续驶里程	_____ km
空调状态	□工作　□未工作
充电状态	□充电　□未充电

3）使用手机 APP 控制空调开启和关闭。

开启类型	□暖风　□冷风　□除霜
时间设定	□十分钟　□二十分钟　□三十分钟
空调开启状态	□开启　□未开启

4）空调控制完毕后进行关闭，并进行充电控制操作。

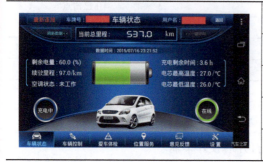

空调是否关闭	□开启　□关闭
远程开关是否开启	□开启　□关闭
充电线是否连接	□已连接　□未连接
控制充电状态	□正常充电　□未充电
充电剩余时间	_____ h

5）结束充电后进行爱车体检和位置服务操作。

体检得分	_____ 分
定位位置	
位置是否定位准确	□准确　□有偏差

6）远程控制功能操作完成后恢复车辆，关闭远程控制开关。

五、质量检查　　成绩：

请实训指导教师检查本组作业结果，并针对实训过程出现的问题提出改进措施及建议。

序　号	评 价 标 准	评 价 结 果
1	远程开关寻找、操作熟练	
2	熟练查看并记录车辆状态信息	
3	空调控制操作正常，使用完恢复	
4	充电控制前检查远程控制开关，并连接好充电线	
5	操作完成后关闭 APP 和远程控制开关	
综合评价	☆ ☆ ☆ ☆ ☆	
综合评语 （作业问题及改进建议）		

六、评价反馈　　成绩：

请根据自己在课堂中的实际表现进行自我反思和自我评价。

自我反思：_____
_____。

自我评价：_____
_____。

实训成绩单

项　目	评分标准	分　值	得　分
接收工作任务	明确工作任务，理解任务在企业工作中的重要程度	5	
信息收集	熟练掌握空调、充电、定位等远程控制功能	15	
制订计划	按操作功能制订车辆驾驶练习计划	5	
计划实施	远程开关寻找、操作熟练	5	
	熟练查看并记录车辆状态信息	10	
	空调控制操作正常，使用完恢复	5	
	充电控制前检查远程控制开关，并连接好充电线	25	
	操作完成后关闭 APP 和远程控制开关	10	
质量检查	学生任务完成，操作过程规范	10	
评价反馈	学生能对自身表现情况进行客观评价	5	
	学生在任务实施过程中发现自身问题	5	
得分（满分100）			

项目二　电动汽车安全使用

实训一　日常维护保养

学院		专业	
姓名		学号	
小组成员		组长姓名	

一、接收工作任务　　　　成绩：

客户朱先生有一辆北汽新能源 EV 系列纯电动汽车,出于良好的养车习惯,朱先生经常在家对自己的爱车进行日常维护保养。

二、信息收集　　　　成绩：

1)（多选题）以下属于电动汽车日常维护保养每日需要检查的项目有（　　）。
   A. 灯光设备　　　B. 安全带　　　C. 制动　　　D. 喇叭
2)（多选题）以下属于电动汽车日常维护保养每周需要检查的项目有（　　）。
   A. 冷却液液位　　　　　　　　B. 制动液液位
   C. 轮胎气压和状态　　　　　　D. 风窗玻璃清洗剂液位
3)（判断题）在添加冷却液时,可与其他冷却液混用,不会影响车的冷却性能。（　　）
4)（判断题）在添加制动液时,可以使用已经开封过的制动液,不会影响车的制动性能。（　　）
5) 导致轮胎失效的最常见的原因有：_____
_____。

三、制订计划　　　　成绩：

1) 根据车主维护保养作业流程,制订作业计划。

操作流程		
序　号	作业项目	操作要点

计划审核	审核意见：		
			年 月 日 签字：

2）请根据作业计划，完成小组成员任务分工。

操 作 人		记 录 员	
监 护 人		展 示 员	

作业注意事项

① 实训开始前应做好个人着装准备、场地准备和工具准备。
② 使用万用表时应选择正确的档位和量程，并且在使用过后及时关闭。
③ 在打开散热器密封盖时，可能有热蒸气溢出。请戴好护目镜并穿上防护服，以免伤害眼睛和烫伤。用抹布盖住密封盖并小心打开。
④ 在加注冷却液/制动液时，应避免泼溅到车身上。
⑤ 防止制动液与皮肤或眼睛发生接触。如果发生请使用大量清水冲洗。

检测设备、工具、材料			
序 号	名 称	数 量	清 点
			□ 已清点
			□ 已清点
			□ 已清点
			□ 已清点
			□ 已清点
			□ 已清点

四、计划实施　　成绩：

1）请模拟车主日常维护保养的操作，进行驾驶室内部检查。

灯光	□正常 □异常，部位 _____
喇叭	□正常 □异常
转向灯	□正常 □异常，部位 _____
刮水器	□正常 □异常
刮水器洗涤功能	□正常 □异常
仪表指示灯	□正常 □异常，信息提示 _____
安全带及锁止功能	□正常 □异常

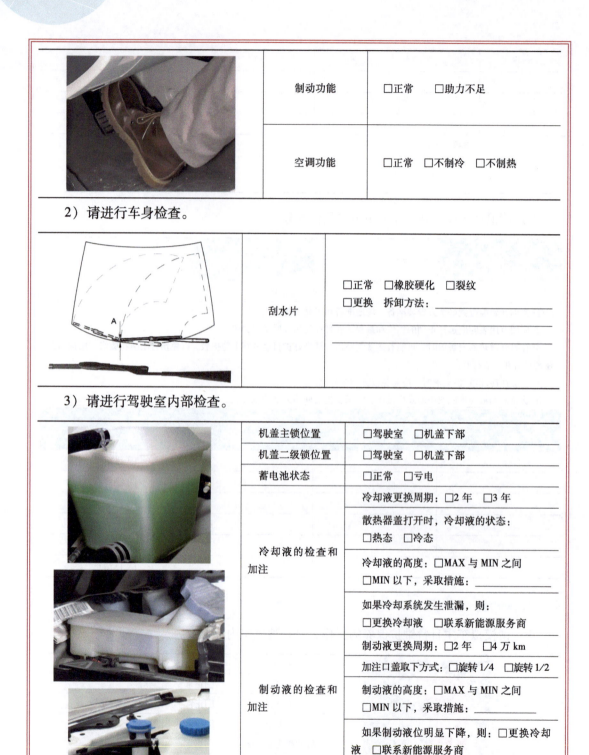

制动功能	☐正常　☐助力不足
空调功能	☐正常　☐不制冷　☐不制热

2）请进行车身检查。

刮水片	☐正常　☐橡胶硬化　☐裂纹 ☐更换　拆卸方法：_____ _____

3）请进行驾驶室内部检查。

机盖主锁位置	☐驾驶室　☐机盖下部
机盖二级锁位置	☐驾驶室　☐机盖下部
蓄电池状态	☐正常　☐亏电
冷却液的检查和加注	冷却液更换周期：☐2年　☐3年
	散热器盖打开时，冷却液的状态： ☐热态　☐冷态
	冷却液的高度：☐MAX与MIN之间 ☐MIN以下，采取措施：_____
	如果冷却系统发生泄漏，则： ☐更换冷却液　☐联系新能源服务商
制动液的检查和加注	制动液更换周期：☐2年　☐4万km
	加注口盖取下方式：☐旋转1/4　☐旋转1/2
	制动液的高度：☐MAX与MIN之间 ☐MIN以下，采取措施：_____
	如果制动液位明显下降，则：☐更换冷却液　☐联系新能源服务商
风窗玻璃清洗剂的加注	检查周期：☐每天　☐每周
	洗涤液加注量应＜_____
	风窗洗涤器喷嘴：☐洁净　☐脏污，需清洁

4）请进行车底检查。

	漏油痕迹	□有，位置＿＿＿＿＿＿ □无
	减速器润滑油首次更换周期	□3000km □3 个月
	轮胎气压	检查周期：□每天 □每周 左前：＿＿＿＿＿ □正常 □异常 左后：＿＿＿＿＿ □正常 □异常 右前：＿＿＿＿＿ □正常 □异常 右后：＿＿＿＿＿ □正常 □异常 气门嘴：□正常 □异常
	轮胎胎纹	胎纹表面出现轮胎标记的个数： □0 □1 □2 □3 □4 □5 □6

5）请进行车身清洁。

车身清洗	冲洗车身时，使用□冷水 □温水 □热水清洗
	洗车之后，用＿＿＿＿＿＿＿擦拭
	刮水片清洗：□温热肥皂水 □洗涤剂

6）恢复设备，清理场地。

五、质量检查　　　　　　　　　　成绩：

请实训指导教师检查本组作业结果，并针对实训过程出现的问题提出改进措施及建议。

序　号	评价标准	评价结果
1	日常维护保养项目齐全	
2	日常维护保养流程规范	
3	5S 意识达标	
综合评价	☆ ☆ ☆ ☆ ☆	
综合评语 （作业问题及改进建议）		

六、评价反馈　　　　　　　　　　成绩：

请根据自己在课堂中的实际表现进行自我反思和自我评价。

自我反思：_____
_____。
自我评价：_____
_____。

实训成绩单

项　　目	评 分 标 准	分　　值	得　　分
接收工作任务	明确工作任务，理解任务在企业工作中的重要程度	5	
信息收集	熟悉电动汽车日常维护保养的内容	15	
制订计划	能够制订电动汽车日常维护保养的作业计划	5	
	能协同小组人员安排任务分工	5	
	能在实施前准备好所需要的工具器材	5	
计划实施	驾驶室内部检查规范齐全	10	
	车身检查规范齐全	5	
	机舱检查规范齐全	10	
	车底检查规范齐全	5	
	车辆干净整洁	10	
	完成场地的清理	5	
质量检查	任务完成，操作过程规范	10	
评价反馈	能对自身表现情况进行客观评价	5	
	在任务实施过程中发现自身问题	5	
得分（满分100）			

实训二　消防安全应急处理

学院		专业	
姓名		学号	
小组成员		组长姓名	

一、接收工作任务　　成绩：

新能源汽车服务站的技师刘强，今天准备给实习生们开展消防安全方面知识的学习，要求实习生能够分析电动汽车着火案例，模拟真实场景，熟练使用干粉灭火器，能够应对电动汽车消防安全突发事件，并对电动汽车进行消防急救。

二、信息收集　　成绩：

1）（多选题）与传统汽车相比，电动汽车起火原因的特殊性表现在（　　）。
A. 电力驱动系统　　　B. 电池　　　C. 机械系统　　　D. 线路老化
2）（多选题）电动汽车主要的起火原因有（　　）。
A. 充电过程中电池温度过高　　　　B. 长期大电流放电
C. 碰撞导致电池外壳损坏　　　　　D. 涉水电机控制系统短路
3）（多选题）灭火器按照所充灭火剂分为（　　）。
A. 泡沫　　　　　B. 干粉　　　　C. 卤代烷　　　　D. 二氧化碳
4）（多选题）可以扑灭带电设备的灭火器有（　　）。
A. 泡沫灭火器　　　B. 酸碱灭火器　C. 干粉灭火器　　D. 二氧化碳灭火器
5）使用干粉灭火器灭火时，应对准＿＿＿＿＿＿喷射，并＿＿＿＿＿＿扫射。
6）当电动汽车动力蓄电池着火时，可以采用大量清水进行灭火，灭火机理是＿＿＿＿。

三、制订计划　　成绩：

1）根据车主维护保养作业流程，制订作业计划。

操作流程		
序　号	作业项目	操作要点
计划审核	审核意见：	
		年　月　日　签字：

2）请根据作业计划，完成小组成员任务分工。

操 作 人		记 录 员	
监 护 人		展 示 员	

作业注意事项

① 实训开始前应做好个人着装准备、场地准备和工具准备。
② 灭火器放置处，应保持干燥通风，防止筒体受潮腐蚀。应避免日光暴晒和强辐射热，以免影响灭火器正常使用。
③ 灭火器一经开启，即使喷出不多，也必须送到已取得维修许可证的维修单位检查。
④ 实训过程中应严格遵循指导教师的指导。
⑤ 实训场所应保证拥有足够的散热条件，勿放置易燃、易爆物品。

检测设备、工具、材料			
序　号	名　称	数　量	清　点
			□ 已清点
			□ 已清点
			□ 已清点

四、计划实施　　　　　　　　　　成绩：

1）请查阅相关信息，搜集 1～2 个电动汽车起火案例，分析起火原因以及采取的应急措施。

① 起火案例：_____
_____
_____。

② 起火原因：_____
_____
_____。

③ 消防应急措施：_____
_____
_____。

2）请模拟电动汽车起火场景，使用干粉灭火器进行消防安全处理。
① 请描述起火位置及采取措施。

着火部位	□车底　　□机舱　　□驾驶室
处理措施（选择操作步骤并标记顺序）	
□切断电源　　□迅速停车　　□打开机舱盖 □取出随车灭火器　　□根据火势情况进行灭火 □用清水灭火　　□逃离车辆	

② 请说明干粉灭火器的使用过程。

灭火器类型	□外挂式储压式		□内置式储压瓶
灭火器指示针位置	□红色	□绿色	□黄色
灭火位置			
灭火器是否需要颠倒	□是	□否	
保险销拆卸动作			
左手位置	□喷管	□压柄	□瓶底
右手位置	□喷管	□压柄	□瓶底
扫射方式			

3）恢复设备，清理场地。

五、质量检查　　成绩：

请实训指导教师检查本组作业结果，并针对实训过程出现的问题提出改进措施及建议。

序　号	评价标准	评价结果
1	电动汽车消防案例分析全面	
2	电动汽车消防安全应急措施标准	
3	消防安全意识达标	
综合评价	☆ ☆ ☆ ☆ ☆	
综合评语 （作业问题及改进建议）		

六、评价反馈　　成绩：

请根据自己在课堂中的实际表现进行自我反思和自我评价。

自我反思：_____。

自我评价：_____。

实训成绩单

项 目	评分标准	分 值	得 分
接收工作任务	明确工作任务，理解任务在企业工作中的重要程度	5	
信息收集	熟悉电动汽车消防安全应急处理的内容	15	
制订计划	能够制订电动汽车消防安全应急处理的作业计划	5	
	能协同小组人员安排任务分工	5	
	能在实施前准备好所需要的工具器材	5	
计划实施	电动汽车消防案例比较典型	10	
	电动汽车消防案例分析比较到位	10	
	电动汽车消防安全应急模拟标准	10	
	干粉灭火器使用规范	10	
	完成场地的清理	5	
质量检查	任务完成，操作过程规范	10	
评价反馈	能对自身表现情况进行客观评价	5	
	在任务实施过程中发现自身问题	5	
得分（满分100）			

项目三 电动汽车故障应急处理

实训 电动汽车无法起动应急处理

学院		专业	
姓名		学号	
小组成员		组长姓名	

一、接收工作任务　　成绩：

环节一：客户周先生刚刚结束了为期2个月的乡村度假，来到车库，准备给电动汽车充电，按下遥控钥匙按钮，车辆没有反应，于是机械开门，起动钥匙开关，车辆的电气系统均没有反应，如果你是周先生，你该如何处理呢？

环节二：客户王女士准备起动电动汽车上班，汽车无法行驶且仪表显示故障信息，如果你遇到这种情况，你该如何处理？

二、信息收集　　成绩：

1）（多选题）以下属于电动汽车低压电气设备的有（　　）。
A. 灯光设备　　B. 仪表　　C. 娱乐系统　　D. 喇叭

2）（多选题）当仪表出现下列哪个故障灯或文字信息时，需要车主立即安全停车并与授权服务商联系。（　　）。

A. 　　B. 　　C. 　　D. 绝缘故障

3）（多选题）造成整车起动没有电的原因有（　　）。
A. 供电熔丝损坏　　　　B. 辅助蓄电池亏电
C. 辅助蓄电池极柱连接松动　D. 动力蓄电池未唤醒

4）动力蓄电池常见故障有_____。

5）电机驱动系统的故障主要分为_____。

6）动力蓄电池系统发生哪些故障，会造成车辆无法起动行驶？
_____
_____
_____。

三、制订计划　　　　　　　　　　　　　　成绩：

1）做好高压安全防护工作，制订作业计划。

操作流程		
序　号	作业项目	操作要点

计划审核	审核意见： 　　　　　　　　　　　　　　　　　　　年　月　日　签字：	

2）请根据作业计划，完成小组成员任务分工。

操　作　人		记　录　员	
监　护　人		展　示　员	
作业注意事项			

① 实训开始前应摘掉戒指、手表、项链，脱去宽松的衣服，换上实训服，长头发应挽起固定于脑后。
② 按照规范的流程完成汽车无法起动应急演练。
③ 禁止徒手接触高压电气系统，实训时服从指导教师的指挥。
④ 任何时候保证辅助蓄电池远离火花、火焰。

检测设备、工具、材料			
序　号	名　称	数　量	清　点
			□已清点
			□已清点
			□已清点
			□已清点
			□已清点
			□已清点

四、计划实施　　　　　　　　　　　　　　成绩：

1）请进行实训环节一的模拟演练。
① 确认车辆状态。

	遥控钥匙解锁：□有效　□无效
	整车上电界面：□显示　□黑屏
	整车电气运行情况：□工作　□不工作
现象描述	

项目三　电动汽车故障应急处理

② 打开机舱盖板，请进行低压供电线路的检查。

熔丝、继电器紧固状态：□紧固　□松动_____
熔丝性能状态：□有效　□无效
辅助蓄电池正负极柱连接情况：□紧固　□松动_____
辅助蓄电池搭铁情况：□紧固　□松动
辅助蓄电池电量情况：□良好　□亏电　实测数值：_____

③ 如果电动汽车因蓄电池亏电而无法起动，请演示应急处理环节。

处理方法	
使用设备	
钥匙开关的位置	□LOCK　□ON　□ACC　□START
充电方法	□恒压充电　□分阶段恒流充电 □恒流小电流充电
充电电流	
充电时长	

2）请进行实训环节二的操作训练。

① 确认车辆状态。

车辆能否起动行驶：□能　□不能
动力蓄电池电压值：_____V
仪表显示：
低压电气设备能否工作：□工作　□不工作

现象描述

② 故障分析。

故障灯点亮条件	
车辆上电流程	□先低压后高压　□先高压后低压
低压电气设备上电的标志	□钥匙开关位于 ACC 位　□钥匙开关位于 ON 位
控制器初始化标志	□钥匙开关位于 ACC 位　□钥匙开关位于 ON 位
预充的目的	
以下会导致车辆无法起动行驶的是	□动力蓄电池继电器断开　□MCU 低压供电异常

③ 请演示车辆无法起动行驶的应急处理。

处理方式：

3）恢复设备，清理场地。

25

五、质量检查　　　　　　　　　　成绩：

请实训指导教师检查本组作业结果,并针对实训过程出现的问题提出改进措施及建议。

序　号	评价标准	评价结果
1	车辆状态信息采集完整	
2	能够进行完善的应急处理程序	
3	实训结束能够完善应急预案	
综合评价	☆☆☆☆☆	
综合评语 （作业问题及改进建议）		

六、评价反馈　　　　　　　　　　成绩：

请根据自己在课堂中的实际表现进行自我反思和自我评价。

自我反思：_____

_____。

自我评价：_____

_____。

实训成绩单

项　目	评分标准	分　值	得　分
接收工作任务	明确工作任务,理解任务在企业工作中的重要程度	5	
信息收集	熟悉电动汽车无法起动的原因及应急措施	15	
制订计划	能够制订电动汽车无法起动的作业计划	5	
	能协同小组人员安排任务分工	5	
	能在实施前准备好所需要的工具器材	5	
计划实施	检查车辆停放位置是否合适	5	
	正确采集车辆状态信息	5	
	能够对车辆状态进行分析	10	
	规范地完成整车无电的应急处理程序	10	
	规范地完成电动汽车无法起动行驶的应急处理程序	10	
	完成场地的清理	5	
质量检查	任务完成,操作过程规范	10	
评价反馈	能对自身表现情况进行客观评价	5	
	在任务实施过程中发现自身问题	5	
得分（满分100）			

项目四　高压作业安全防护

实训一　高压个人防护用具的使用

学院		专业	
姓名		学号	
小组成员		组长姓名	

一、接收工作任务	成绩：

　　王磊是新能源汽车服务站的一名学徒工，昨日在技师刘强的指导下认识了常见的高压个人防护用具，并对高压个人防护用具的检测以及正确穿戴方法有了直观地了解。今天刘强安排王磊随其对车辆进行检查，要求王磊首先穿戴好个人防护用具。

二、信息收集	成绩：

1）请识别以下个人防护工具，并简要描述其用途。

图　例	工具名称	用途描述

图　例	工具名称	用途描述

2）在进行高压安全操作时，维修人员需佩戴个人防护用具，请根据要求完成以下题目。

① 选择护目镜应根据_____判断规格大小。

② 护目镜要_____，防止传染眼疾。

③ 当镜片受到刮擦，留下刮痕后影响佩戴者的视线时，或护目镜整体变形需要_____。

④ 佩戴护目镜时_____佩戴其他眼镜。

⑤ 佩戴安全帽前应将帽后调整带_____，然后将帽内弹性带系牢。

⑥ 安全帽的下颌带必须扣在_____，并系牢，松紧要适度。

⑦ 佩戴绝缘手套时衣服袖口应_____。

⑧ 绝缘手套应存放在干燥处并不得接触_____、_____、_____等。

三、制订计划　　成绩：

1）根据纯电动车维修作业人员的穿戴要求，制订高压个人防护用具的检查、穿戴计划。

操作流程		
序　号	作业项目	操作要点
计划审核	审核意见： 年　月　日　签字：	

2）请根据维修作业计划，完成小组成员任务分工。

操作人		记录员	
监护人		展示员	
作业注意事项			

① 高压个人防护用具要加强日常维护保养，防止受潮、损坏和脏污。

② 使用绝缘手套前要仔细检查，不能有破损和漏气现象。

③ 需选用规范的护目镜、安全帽和绝缘鞋，不能拿一般的同类物品替代。

④ 防护用具使用完毕后要进行正确地清洁，放置在储物柜中。

项目四　高压作业安全防护

检测设备、工具、材料			
序　号	名　称	数　量	清　点
			☐ 已清点
			☐ 已清点
			☐ 已清点
			☐ 已清点
			☐ 已清点

四、计划实施　　　　　　　　　　成绩：

1）检查绝缘手套的气密性。

绝缘防护电压	
漏电电流	
气密性检查方法	
检查结果	☐良好　☐漏气

2）检查绝缘鞋、安全帽和护目镜外观是否完好。

绝缘鞋外观检查	护目镜外观检查	安全帽外观检查
☐良好　☐破损	☐良好　☐破损	☐良好　☐破损

3）穿戴高压个人防护用具。
① 穿上维修工服和绝缘鞋。

穿维修工服的作用	

29

	穿绝缘鞋的作用

② 佩戴护目镜。

	佩戴护目镜的注意事项
	佩戴护目镜的作用

③ 佩戴安全帽。

	安全帽佩戴规范
	佩戴安全帽的作用

④ 戴好绝缘手套。

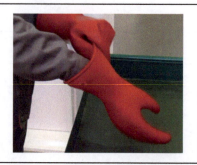	绝缘手套的使用要求

五、质量检查　　成绩：

请实训指导教师检查本组作业结果，并针对实训过程出现的问题提出改进措施及建议。

序　号	评价标准	评价结果
1	绝缘手套气密性检查方法正确	
2	个人防护用具外观检查仔细	
3	个人防护用具佩戴方法规范	
综合评价	☆　☆　☆　☆　☆	
综合评语 （作业问题及改进建议）		

六、评价反馈　　成绩：

请根据自己在课堂中的实际表现进行自我反思和自我评价。

自我反思：_____

_____。

自我评价：_____

_____。

实训成绩单

项　目	评分标准	分　值	得　分
接收工作任务	明确工作任务，理解任务在企业工作中的重要程度	10	
信息收集	熟悉电动汽车高压作业个人防护用具外观及防护等级	15	
制订计划	按规范作业要求制订高压个人防护用具检查、穿戴计划	10	
计划实施	正确地查找并填写高压个人防护用具参数	10	
计划实施	正确地进行绝缘手套气密性的检查	10	
计划实施	正确地进行绝缘鞋、护目镜、安全帽外观检查	10	
计划实施	正确地穿戴高压个人防护用具	15	
质量检查	任务完成，操作过程规范	10	
评价反馈	能对自身表现情况进行客观评价	5	
评价反馈	在任务实施过程中发现自身问题	5	
得分（满分100）			

实训二　高压作业前准备工作

学院		专业	
姓名		学号	
小组成员		组长姓名	

一、接收工作任务　　　　　　　　　　成绩：

　　新能源汽车服务站的维修技师刘强向学徒工王磊介绍了车辆维修工位布置的注意事项，并就绝缘万用表、交直流钳形表、放电工装的结构和使用方法做了演示和说明，随后维修车间新接收了一辆故障电动汽车，刘强安排学徒工王磊进行维修前场地布置，并准备好绝缘万用表、交直流钳形表、放电工装和绝缘工具箱，需确保设备能正常使用。

二、信息收集　　　　　　　　　　　　成绩：

1）请查询《Fluke 1587 系列用户手册》并认真阅读，完成以下信息的填写。

图　　示	开关档位	测量功能
	$\widetilde{V}$	
	$\overline{\overline{V}}$	
	$\overline{\overline{mV}}$	
	Ω	
	)))	
	HOLD	
	MINMAX	
	Hz	
	RANGE	
	INSULATION TEST	

图　　示	开关档位	测量功能
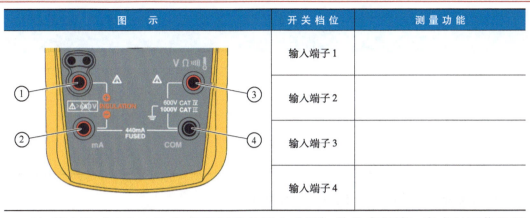	输入端子1	
	输入端子2	
	输入端子3	
	输入端子4	

2）请查询《Fluke 342 交直流钳形表用户手册》并认真阅读，完成以下信息的填写。

图　例	部　件　名　称
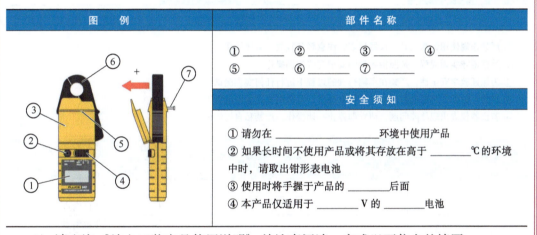	①_____ ②_____ ③_____ ④_____ ⑤_____ ⑥_____ ⑦_____
	安 全 须 知
	① 请勿在_____环境中使用产品 ② 如果长时间不使用产品或将其存放在高于_____℃的环境中时，请取出钳形表电池 ③ 使用时将手握于产品的_____后面 ④ 本产品仅适用于_____V 的_____电池

3）请查询《放电工装产品使用说明》并认真阅读，完成以下信息的填写。

图　例	部　件　名　称
	①_____ ②_____ ③_____
	技 术 参 数
	功率损耗：_____　放电电压：_____ 放电电阻：_____　电阻精度：_____

三、制订计划　　　　　　　　　　　成绩：

1）根据电动汽车维修场地布置要求和绝缘工具使用要求，制订场地布置和绝缘工具检查的作业计划。

操作流程		
序　号	作业项目	操作要点
计划审核	审核意见： 　　　　　　　　　　　　　　　　　　　　年　月　日　签字：	

2）请根据作业计划，完成小组成员任务分工。

操　作　人		记　录　员	
监　护　人		展　示　员	
作业注意事项			

① 严禁违规使用绝缘工具、仪器仪表，注意轻拿轻放，有序操作
② 严格遵守实训规程，按照指导教师要求完成实训操作
③ 为保证教学安全性，严禁在车辆行驶的过程下进行任何实训测试
④ 严禁长时间针对辅助蓄电池进行放电操作，可采用其他辅助电源设备替代
⑤ 若仪器仪表出现故障问题，请立即停止一切操作，严禁私自拆卸修复

检测设备、工具、材料			
序　号	名　　称	数　　量	清　　点
			□已清点
			□已清点
			□已清点
			□已清点
			□已清点
			□已清点

四、计划实施	成绩：

1）车辆维修工位场地布置与车辆防护。
① 检查车辆停放位置是否合适。

	检查车辆停放位置是否位于维修工位中心，与举升机双柱间距是否均匀	车辆距双柱距离是否均匀	左右：□是 □否 前后：□是 □否
	检查举升机悬臂支撑点是否与车辆的支点对齐	支点数量 是否对齐	 □是　□否

② 安装车内三件套。

	三件套名称	
	安装顺序	1. _____ 2. _____ 3. _____
	铺设三件套的原因	

③ 检查驻车制动器及档位位置。

	驻车制动器状态	□落下 □提起
	档位位置	□R 位 □N 位 □D 位 □E 位
	注意事项	

④ 安放车轮挡块。

	挡块数量	□1 □2 □3 □4
	车轮挡块安放位置	
	安放挡块原因	

⑤ 在维修工位周围布置警戒带。

	操作对象	
	与车辆距离参考值	前：_____ m 后：_____ m 左：_____ m 右：_____ m
	布置警戒带的原因	

⑥ 放置危险警示牌。

	危险警示牌放置位置	□前机舱盖 □车顶 □地面
	放置危险警示牌的作用	
	说明：	

⑦ 铺设翼子板防护垫。

	翼子板防护垫数量	□1　□2　□3　□4
	铺设翼子板防护垫的原因	

2）检查并穿戴个人安全防护用具。

图　例	作业内容
	外观检查：　□良好　□破裂　绝缘级别：_____级 气密性检查：□良好　□漏气 最高使用电压：DC_____V　AC_____V
	外观检查：　□良好　□破裂 验证电压：_____kV
	外观检查：　□良好　□破裂
	外观检查：　□良好　□破裂

3）检查维修工具。

① 打开绝缘工具箱，检查绝缘工具。

	需要检查的绝缘维修工具	
	绝缘防护电压	_____V

② 借助辅助蓄电池完成交直流钳形表性能检测，并记录检查结果。

操　作　步　骤
① 将钥匙开关置于_____位，关闭_____及所有用电设备，确认车内所有用电设备处于关闭状态 ② 将交直流钳形表_____置于_____，观察显示屏数值是否为零。若因热和其他环境条件导致数值非零时，则应确保产品远离_____及钳口处于_____状态，使用自动清零按钮调到零点

③ 将交直流钳形表钳口套住_____导线，确保钳口的_____接触良好，导线位于环形钳口_____，否则易导致数值失准

④ 观察显示屏测试数值，电流会逐步_____，_____之后再开始读数

⑤ 记录测试数据：电流值_____mA

⑥ 将交直流钳形表电源开关置于_____，恢复归整仪表

检 查 结 果	
□无故障	辅助蓄电池自放电电流实测值符合要求（≤标准值 30mA），钳形表功能正常
□有故障	辅助蓄电池自放电电流实测值不符合标准，而车辆正常，故钳形表有故障

③ 借助辅助蓄电池完成放电工装性能检测，并记录检查结果。

操 作 步 骤
① 将金属便携箱打开取出放电工装，首先进行_____，_____有无破裂、折断，仪表本体有无磕碰、损伤。 ② 开启车辆前机舱盖，将放电工装红、黑测试笔分别对准辅助蓄电池_____桩头，保证测试笔与柱头_____良好，此时指示灯_____。 ③ 将放电工装红、黑测试笔分别对调，测试辅助蓄电池正、负极柱头，观察指示灯变化。 ④ 根据以上作业步骤实验结果，请简要绘制放电工装电路简图。

检 查 结 果	
□无故障	指示灯正常点亮，放电工装性能检测良好
□有故障	指示灯不点亮，放电工装存在故障

④ 借助电机控制器完成绝缘万用表性能检测，并记录检查结果。

操 作 步 骤
① 先将_____断开绝缘处理，再将电机控制器电缆与高压控制盒断开，注意高压安全防护。 ② 将绝缘万用表档位开关置于_____，正、负极测试探头/夹子分别置于右侧上下两个测量孔内，测量电机控制器输入插头的电压值，确认无高压。 ③ 采用双线测量方式，将绝缘万用表正、负极测试探头/夹子拔出后重新置于左侧上下两个测量孔，档位开关置于_____，点击_____按钮选择测试电源_____。 ④ 将绝缘万用表_____接于车身，红表笔逐个接触电机控制器电缆的_____端子，点击_____按钮开始测量。 ⑤ 记录测试数据：正极对地_____MΩ，负极对地_____MΩ。 ⑥ 将绝缘万用表档位开关置于_____，恢复归整测试探头/夹子。

检 查 结 果	
□无故障	电机控制器正负极对地绝缘阻值实测值均≥100MΩ，绝缘万用表的性能良好
□有故障	电机控制器正负极对地绝缘阻值实测值不符合标准，而车辆正常，故绝缘万用表有故障

五、质量检查	成绩：

请实训指导教师检查本组作业结果，并针对实训过程出现的问题提出改进措施及建议。

序　号	评价标准	评价结果
1	车辆作业防护符合要求	
2	工具检查规范、全面	
3	场地安全警戒操作正确	
4	绝缘工具检查到位	
5	交直流钳形表性能检测正确	
6	放电工装性能检测正确	
7	绝缘万用表性能检测正确综合评价	
综合评价	☆☆☆☆☆	
综合评语 （作业问题及改进建议）		

六、评价反馈　　　　　　　　　　成绩：

请根据自己在课堂中的实际表现进行自我反思和自我评价。

自我反思：_____。

自我评价：_____。

实训成绩单

项　目	评分标准	分　值	得　分
接收工作任务	明确工作任务，理解任务在企业工作中的作用	5	
信息收集	知道维修工位布置的要求	5	
	知道各个测量工具的功能和使用方法	5	
	能够准确地说出各个绝缘维修工具的名称	5	
制订计划	制订计划合理	10	
	能协同小组人员安排任务分工	3	
	能在实施前准备好所需要的工具器材	3	
计划实施	规范地完成维修工位场地布置	10	
	规范地完成车辆防护工作	5	
	正确地检查绝缘维修工具	5	
	正确地使用绝缘万用表功能按钮及开关档位	10	
	正确地使用交直流钳形表完成辅助蓄电池放电电流的检测	10	
	正确地完成放电工装性能的检查	5	
	正确规范地完成维修作业后现场恢复及工具归整	3	
质量检查	任务完成，操作过程规范	10	
评价反馈	能对自身表现情况进行客观评价	3	
	在任务实施过程中发现自身问题	3	
得分（满分100）			

实训三　高压断电操作

学院		专业	
姓名		学号	
小组成员		组长姓名	

一、接收工作任务　　　　　　　　　成绩：

新能源汽车服务站昨日接收一辆北汽新能源 EV 系列故障车辆，维修车间刘强技师经过后台数据分析，判定动力蓄电池内部存在故障，要求学徒工王磊首先对车辆进行高压断电操作。

二、信息收集　　　　　　　　　　　成绩：

1）请根据相关理论知识完成以下信息的填写。

特种作业操作证由_____核发，特种作人员经培训、考核合格后发证。每_____年复审 1 次。特种作业操作证是国家为了规范特种作业人员的安全技术操作，提高特种作业人员的安全技术水平，防止和减少伤亡事故的基本依据。生产经营单位使用未取得特种作业操作证的特种作业人员上岗作业的，责令_____；逾期未改正的，责令_____，可以并处_____。

2）请认真观察北汽 EV200 维修开关实物，完成以下信息的填写。

以北汽新能源 EV200 为例，维修开关设置在动力蓄电池系统中，属于_____电路开关。其主要功能是在电动汽车维修作业时，将动力蓄电池系统内_____左右的电压分成大体相等的两部分，每部分约_____，目的是_____。北汽新能源 EV200 维修开关安装在_____位置。维修开关顶部标注_____标识。维修开关设置_____锁止机构，依次解除锁扣拔下维修开关，禁止越级徒手或强行蛮力拆卸。

产品参数			
电流额定值/A		电压额定值/V	
安装风格		端接类型	
类型		商标	

三、制订计划　　　　　　　　　　　　成绩：

1）请根据电动汽车维修作业要求，制订车辆高压断电的作业计划。

操作流程		
序号	作业项目	操作要点
计划审核	审核意见： 　　　　　　　　　　　　　　　　　　年　月　日　签字：	

2）请根据作业计划，完成小组成员任务分工。

操作人		记录员	
监护人		展示员	
作业注意事项			

① 严禁非专业人员或无实训教师在场的情况下，私自对高压部件进行移除及安装。
② 未经过高压安全培训的维修人员，不允许对高压部件进行维护。
③ 车辆在充电过程中不允许对高压部件进行移除、维护等工作。
④ 对高压部件进行作业前，必须确认车辆钥匙处于LOCK位并将12V电源断开。
⑤ 高压部件打开后或插头断开后，使用万用表对其电压进行测量，电压在安全范围内时才可以进行下一步的操作。

检测设备、工具、材料			
序号	名称	数量	清点
			□ 已清点
			□ 已清点
			□ 已清点
			□ 已清点
			□ 已清点
			□ 已清点

四、计划实施　　　　　　　　　　　　成绩：

1）设立1~2名学生作为安全监护人，实操人员原则上要求持有由国家安全生产监督总局颁发的特种作业操作证。若实操人员暂无证书，则实训教师必须在场指导操作，确保人身安全。

图　例	安全监护人1	实 操 人 员
（特种作业操作证图例）	姓名_____	姓名_____　操作证：□有　□无
	安全监护人2	实 训 教 师
	姓名_____	姓名_____　在场：□是　□否

2）作业前现场环境检查。检查绝缘垫，设立隔离柱，布置警戒线，张贴警示牌。

（现场图）	隔离柱放置位置
	距离车辆前方_____m；后方_____m 距离车辆左侧_____m；右侧_____m
	警示牌名称
	绝缘垫外观检查情况
	□无破损　□轻微破损　□严重破损 □无脏污　□轻微脏污　□严重脏污

3）个人防护用具检查。

图　例	作 业 内 容
（绝缘手套）	外观检查：　□良好　□破裂　绝缘级别：_____级 气密性检查：□良好　□漏气 最高使用电压：DC_____V　AC_____V
（绝缘鞋）	外观检查：　□良好　□破裂 验证电压：_____kV
（安全帽）	外观检查：　□良好　□破裂
（护目镜）	外观检查：　□良好　□破裂

4）仪表工具检查。

图例	作业内容	
	绝缘万用表检查	
	外观检查：☐良好 ☐破损	功能检查：☐正常 ☐异常
	绝缘工具箱检查	
	外观检查：☐良好 ☐破损	数量检查：☐完好 ☐缺失
	放电工装检查	
	外观检查：☐良好 ☐破损	功能检查：☐正常 ☐异常

5）关闭钥匙开关，钥匙安全存放。

图例	作业内容	
	钥匙开关关闭位置	☐START ☐ON ☐ACC ☐LOCK
	钥匙安全存放位置	☐维修柜 ☐实操人员保管

6）所有充电口用黄黑胶带封住，断开辅助蓄电池负极，负极柱绝缘处理，并等待 5min 以上。

图例	作业内容	
	拆卸工具	名称：_____ 螺栓规格：_____
	负极柱头绝缘处理方式	☐绝缘防尘帽 ☐绝缘胶带

7）拆除后排座椅及地板胶，佩戴绝缘手套，使用绝缘工具拆卸维修开关遮板固定螺栓。拆除后放置警示牌，并将维修开关安全存放。

图例	作业内容	
	拆卸工具	名称：_____ 螺钉规格：_____
	维修开关安全存放位置	☐维修柜 ☐实操人员保管
	警示牌名称	

8）检查龙门式举升机，确认举升装置无误后平稳举升车辆，测量绝缘地垫绝缘电阻。

	绝缘地垫绝缘电阻测量（1000V 执行电压）
	左前：_____GΩ；右前：_____GΩ；左后：_____GΩ； 右后：_____GΩ；中间：_____GΩ

9）拆卸动力蓄电池插接器遮板，断开动力蓄电池低压线束插件，再断开动力蓄电池高压输出电缆插件。

	动力蓄电池插接器遮板拆卸工具	名称：_____螺栓规格：_____
	动力蓄电池高压输出电缆端绝缘处理方式：	

10）利用绝缘万用表电压档进行电源侧、负载侧电压测量。若电源侧显示电压值较大，则说明动力蓄电池系统存在故障。若负载侧有较小电压值，则利用放电工装进行放电。放电结束后，再次测试其电压值，确保电压值为零

图　　例	第一次电压值测量	电源侧：_____V 负载侧：_____V
	放电工装放电状态：	
	第二次电压值测量	负载侧：_____V

五、质量检查　　成绩：

请实训指导教师检查本组作业结果，并针对实训过程出现的问题提出改进措施及建议。

序　号	评价标准	评价结果
1	规范设置安全监护人	
2	规范地完成作业前现场环境和防护用具检查	
3	正确地进行仪表工具检查	

序　号	评价标准	评价结果
4	规范地拆卸维修开关	
5	正确地测量绝缘地垫绝缘电阻	
6	正确地使用放电工装对负载侧进行放电	
综合评价	☆☆☆☆☆	
综合评语 （作业问题及改进建议）		

六、评价反馈　　　　　　　　　　成绩：

请根据自己在课堂中的实际表现进行自我反思和自我评价。

自我反思：_____

_____。

自我评价：_____

_____。

实训成绩单

项　目	评分标准	分　值	得　分
接收工作任务	明确工作任务，准确记录客户及车辆信息	3	
信息收集	掌握工作相关知识及操作要点	10	
制订计划	计划合理可行	5	
计划实施	作业前高压安全防护工作	5	
	作业前现场环境检查	3	
	作业前防护用具检查	3	
	作业前仪表工具检查	3	
	钥匙安全存放	3	
	充电口封闭	3	
	辅助蓄电池负极柱头绝缘处理	3	
	维修开关的拆卸	15	
	绝缘地垫绝缘电阻的测量	3	
	动力蓄电池高低压接插件的插拔	10	
	动力蓄电池高压端绝缘处理	10	
	验电及放电	15	
质量检查	按照要求完成相应任务	3	
评价反馈	经验总结到位，合理评价	3	
	得分（满分100）		

项目五 高压系统的认知

实训一 电动汽车高压部件的识别

学院		专业	
姓名		学号	
小组成员		组长姓名	

一、接收工作任务   成绩：

王磊是新能源汽车服务站一名学徒工，经过了前期的培训，能够完成高压安全操作前的防护工作，接下来维修技师刘强借助实车北汽新能源 EV200 向王磊展示了整车的高压器件，并做了基本说明，现在由王磊进行自主学习和认知。

二、信息收集   成绩：

1）纯电动汽车用电分为低压用电部分和高压用电部分。低压用电部分由_____或者_____进行供电；高压用电部分由_____进行供电。

2）请说明以下高压部件的端口含义。

A：_____ B：_____ C：_____
E：_____ F：_____ G：_____ H：_____

3）北汽新能源 EV200 汽车的高压用电设备包括_____、高压控制盒以及与高压控制盒连接的_____、_____、_____和车载充电机。

4）高压控制盒完成动力蓄电池电源的输出及分配，内部包含_____个熔断器。

三、制订计划　　　　　　　　　　　　　　　成绩：

1）请制订高压部件认知的作业计划。

操作流程		
序　号	作业项目	操作要点

计划审核	审核意见： 年　月　日　签字：

2）请根据作业计划，完成小组成员任务分工。

操　作　人		记　录　员	
监　护　人		展　示　员	

作业注意事项
① 实训开始前应摘掉戒指、手表、项链，脱去宽松的衣服，换上实训服，长头发应挽起固定于脑后。 ② 按照规范的流程完成整车高压断电操作。 ③ 使用汽车举升机时应严格按照举升机的操作规程进行作业。 ④ 整车实训时确保钥匙开关处于 LOCK 位，操作另有要求除外。 ⑤ 就车工作时，应施加驻车制动，除非特定操作要求置于其他档位。

检测设备、工具、材料			
序　号	名　　称	数　量	清　点
			□ 已清点
			□ 已清点
			□ 已清点
			□ 已清点
			□ 已清点
			□ 已清点

四、计划实施　　　　　　　　　　　　　　　成绩：

1）请完成纯电动汽车作业前检查及车辆防护，并记录信息。

① 作业前现场环境检查。

项目五 高压系统的认知

作业内容:
___
作业结果:
___

② 作业前防护用具检查。

作业内容:
___
作业结果:
___

③ 作业前仪表工具检查。

作业内容:
___
作业结果:
___

④ 作业前实施车辆防护。

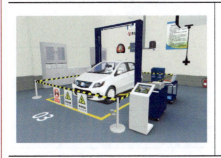

作业内容:
___
作业结果:
___

2) 请进行整车高压断电处理，关闭钥匙开关，断开辅助蓄电池负极、拆卸维修开关，断开动力蓄电池高低压端口，完成放电处理，并做好绝缘防护。

	负极桩头绝缘处理方式： □ 绝缘防尘帽　　□ 绝缘胶带
	维修开关拆卸工具： 名称：_____ 螺钉规格：_____
	动力蓄电池高低压线束拆卸顺序： _____ _____

3）请进行整车高压部件识别。

① 打开发动机舱盖，查看发动机舱内高压部件。

	填写标号所示部件名称
	1. _____　　2. _____ 3. _____　　4. _____

② 请完成下面信息的填写。

	名称及功能： _____ _____
	指示灯数量
	正常工作状态下指示灯点亮状态　　□ POWER　□ RUN　□ FAULT

项目五　高压系统的认知

	名称及功能：	
	工作范围： 高压输入：_____ 低压使能输入：_____	
	名称及功能：	
	支路用电设备：	
	高压端口数量	□ 4个　□ 5个
	名称及功能：	
	北汽新能源 EV200 使用型号	□ 大洋　□ 大郡
	电流逆变方式	□ DC/AC　□ AC/DC

③ 规范操作举升机，举升车辆至作业位置。

	举升机类型	
	支撑垫个数	
	作业环境要求	
	锁止方式	

④ 请完成以下信息的填写。

		能量源转化形式
	能量供给	□ 电能转化机械能 □ 机械能转化电能
	能量回收	□ 电能转化机械能 □ 机械能转化电能
	北汽新能源 EV200 使用型号	□ 大洋　□ 大郡
	类型	

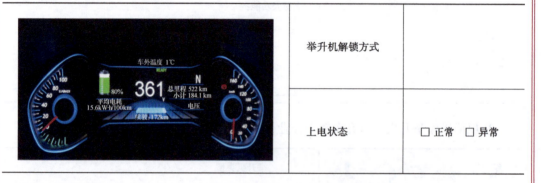

	名称及功能：	
	类型	
	名称及组成：	
	类型	

4）恢复动力蓄电池高低压插件，将车辆降至地面，紧固维修开关，连接辅助蓄电池负极，进行整车上电操作。

	举升机解锁方式		
	上电状态	□ 正常	□ 异常

5）清理场地。

五、质量检查　　成绩：

请实训指导教师检查本组作业结果，并针对实训过程出现的问题提出改进措施及建议。

序　号	评价标准	评价结果
1	高压防护作业是否符合要求	
2	高压断电是否规范	
3	是否认知整车高压器件	
4	举升机使用是否符合要求	
综合评价	☆ ☆ ☆ ☆ ☆	
综合评语（作业问题及改进建议）		

六、评价反馈　　　　　　　　成绩：

请根据自己在课堂中的实际表现进行自我反思和自我评价。

自我反思：_____
_____。

自我评价：_____
_____。

实训成绩单

项　目	评 分 标 准	分　值	得　分
接收工作任务	明确工作任务，理解任务在企业工作中的重要程度	5	
信息收集	熟悉整车高压器件的布局	4	
制订计划	能够制订高压器件识别作业计划	4	
	能协同小组人员安排任务分工	5	
	能在实施前准备好所需要的工具器材	5	
计划实施	检查车辆停放位置是否合适	5	
	正确完成车辆防护工作	10	
	完成防护设备的检查	10	
	完成仪表工具的检查	5	
	正确完成高压断电操作	10	
	正确操作举升机	5	
	认知机舱内高压器件的功用及安装位置	15	
	完成场地的清理	5	
质量检查	任务完成，操作过程规范标准	8	
评价反馈	能对自身表现情况进行客观评价	2	
	在任务实施过程中发现自身问题	2	
得分（满分100）			

实训二　电动汽车高压线束的认知

学院		专业	
姓名		学号	
小组成员		组长姓名	

一、接收工作任务	成绩：

　　王磊是新能源汽车服务站一名学徒工,维修技师刘强借助实车向王磊展示整车的高压线束/线缆,说明线束/线缆的解锁方法并进行演示,现在由王磊进行自主学习和操作。

二、信息收集	成绩：

1）请写出以下端口的连接部件。

52

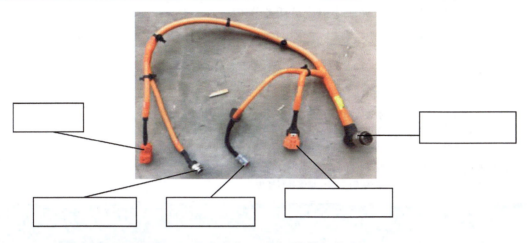

2）请绘制北汽新能源 EV200 整车高压线束/线缆拓扑图。

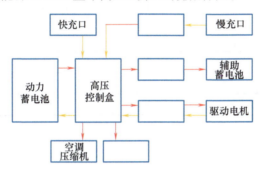

三、制订计划	成绩：

1）请制订整车高压线束/线缆认知的作业计划。

操作流程		
序　号	作业项目	操作要点
计划审核	审核意见： 年　月　日　签字：	

2）请根据作业计划，完成小组成员任务分工。

操 作 人		记 录 员	
监 护 人		展 示 员	
作业注意事项			

① 实训开始前应摘掉戒指、手表、项链，脱去宽松的衣服，换上实训服，长头发应挽起固定于脑后。
② 按照规范的流程完成整车高压断电操作。
③ 整车实训时确保钥匙开关处于 LOCK 位，操作另有要求除外。
④ 就车工作时，应施加驻车制动，除非特定操作要求置于其他档位。
⑤ 按照标准操作依次插拔线束/线缆，禁止越级强行插拔。

检测设备、工具、材料			
序 号	名 称	数 量	清 点
			□ 已清点
			□ 已清点
			□ 已清点
			□ 已清点
			□ 已清点
			□ 已清点

四、计划实施　　　　　　　　　　成绩：

1）请进行纯电动汽车作业前检查及车辆防护，进行整车高压断电并做好绝缘保护，完成后请比对实物完成以下信息填写。

名称		位置	

线缆/线束端口插拔方法：

_____

_____

_____

2）将车辆平稳降至地面，找到以下高压线缆/线束的安装位置并完成以下信息填写。

项目五　高压系统的认知

	名称	
	位置	
	锁止机构等级	

线缆/线束端口插拔方法：
_____
_____

	端口名称	

线缆/线束端口插拔方法：
_____
_____

3）请完成以下线束/线缆的插拔，标记出名称，并完成信息的填写。

1		输出端线束分支数量	□2	□4
2		电压类型	□直流	□交流
3		拆卸方法：		
4		位置：		

4）恢复整车高压线束/线缆，连接维修开关和辅助蓄电池负极，进行整车上电检查。

55

安装方法：
_____
_____
_____
_____

安装方法：
_____
_____
_____
_____

5）清理场地。

五、质量检查　　　成绩：

请实训指导教师检查本组作业结果，并针对实训过程出现的问题提出改进措施及建议。

序　号	评价标准	评价结果
1	高压防护作业是否符合要求	
2	认知整车高压线束/线缆	
3	能够进行高压线束/线缆的插拔	
4	能够进行高压线束/线缆的安装	
综合评价	☆　☆　☆　☆　☆	
综合评语 （作业问题及改进建议）		

六、评价反馈　　　成绩：

请根据自己在课堂中的实际表现进行自我反思和自我评价。

自我反思：_____
_____。

自我评价：_____
_____。

实训成绩单

项 目	评分标准	分 值	得 分
接收工作任务	明确工作任务，理解任务在企业工作中的重要程度	10	
信息收集	熟悉整车高压线束/线缆的布局	15	
制订计划	能够制订高压线束识别及拆装的作业计划	10	
	能协同小组人员安排任务分工	5	
	能在实施前准备好所需要的工具器材	5	
计划实施	检查车辆停放位置是否合适	2	
	正确完成车辆防护工作	2	
	正确完成高压断电操作	5	
	完成防护设备的检查	2	
	完成仪表工具的检查	2	
	认知整车高压线束/线缆及安装位置	7	
	掌握整车高压线束/线缆的插拔方式	8	
	掌握整车高压线束/线缆的安装方式	8	
	完成场地的清理	5	
质量检查	任务完成，操作过程规范标准	10	
评价反馈	能对自身表现情况进行客观评价	2	
	在任务实施过程中发现自身问题	2	
得分（满分100）			

项目六 车辆高压安全设计

实训一 车辆高压安全指标的测试

学院		专业	
姓名		学号	
小组成员		组长姓名	

一、接收工作任务　　　　　　　　成绩：

王磊是新能源汽车服务站一名学徒工，经过了前期的培训，已经掌握了整车高压部件及线束，维修技师刘强向王磊介绍了整车高压设计方面关于防护做的一些措施，并借助实车进行了演示，有警示标志、接地、互锁、绝缘防护等方面的讲解，现在由王磊进行自主学习和认知。

二、信息收集　　　　　　　　成绩：

1）电动汽车中使用的高压警告标志，符号的底色为_____，边框和箭头为_____，高压电路中的线缆和线束的外皮使用_____加以区别。

2）当存在某些特殊事件（如碰撞、绝缘不良、高压电气回路不连续、过电流及短路等）输入时，自动断路功能可以在没有使用者干预的情况下，通过_____等装置将高压电气回路切断，从而达到_____的目的。

3）高压线束/线缆应该有足够的绝缘阻值，直流电路绝缘电阻的最小值至少大于_____，交流电路至少大于_____。

4）搭铁设计的原理是电气设备和车身底盘连接之后，人体接受漏电载体之后，会被等电位连接线_____，避免触电。

5）车辆互锁设计是指通过使用_____来检查整个高压产品、导线、插接器及护盖的电气完整性（连续性），识别回路_____时应及时断开高压电。

6）车辆常见的互锁问题是_____
_____。

三、制订计划　　　　　　　　成绩：

1）请制订整车高压安全防护措施的认知作业。

<table>
<tr><td colspan="3" align="center">操 作 流 程</td></tr>
<tr><td>序　号</td><td>作业项目</td><td>操作要点</td></tr>
<tr><td></td><td></td><td></td></tr>
<tr><td></td><td></td><td></td></tr>
<tr><td></td><td></td><td></td></tr>
<tr><td>计划审核</td><td colspan="2">审核意见：

　　　　　　　　　　　　　　　　　　　　　年　月　日　签字：</td></tr>
</table>

2）请根据作业计划，完成小组成员任务分工。

操 作 人		记 录 员	
监 护 人		展 示 员	
作业注意事项			

① 实训开始前应摘掉戒指、手表、项链，脱去宽松的衣服，换上实训服，长头发应挽起固定于脑后。
② 按照规范的流程完成整车高压断电操作。
③ 使用汽车举升机时应严格按照举升机的操作规程进行作业。
④ 整车实训时确保钥匙开关处于 LOCK 位，操作另有要求除外。
⑤ 就车工作时，应施加驻车制动，除非特定操作要求置于其他档位。

检测设备、工具、材料			
序　号	名　称	数　量	清　点
			□ 已清点
			□ 已清点
			□ 已清点
			□ 已清点
			□ 已清点

四、计划实施　　　　　　　　　　　成绩：

1）请进行纯电动汽车作业前检查及车辆防护，进行整车高压断电并做好绝缘保护，完成后请找出整车标有高压警示标志的部件。

	器件名称及特征：
⚡	

2）请找到整车所有的搭铁点。

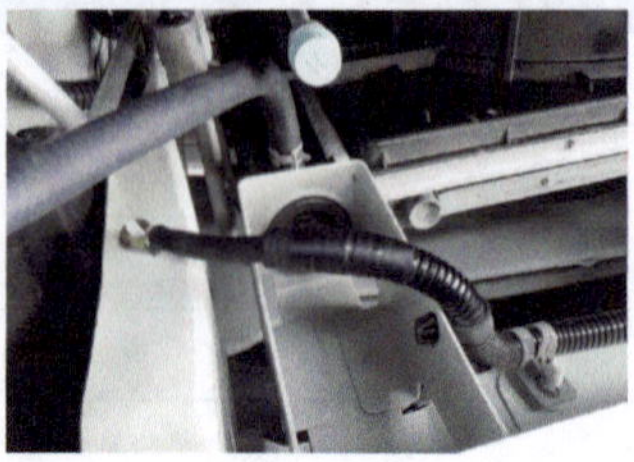

作用：
_____
_____

位置：
_____

3）请拆卸高压控制盒的高低压线束，在各端口找到互锁端子，并借助检修工具测量高压控制盒内部互锁线路导通情况。

检测工具		
	档位	
低压控制端 11 脚与快充口端互锁端子	□ 导通 □ 不导通	
快充口端互锁端子与动力蓄电池端互锁端子	□ 导通 □ 不导通	
动力蓄电池端互锁端子与电机控制器互锁端子	□ 导通 □ 不导通	
电机控制器互锁端子与高压附件端 L 脚	□ 导通 □ 不导通	

4）请还原高压控制盒的高低压线束/线缆，断开 DC/DC 变换器高低压线束，使用检测工具测量 DC/DC 变换器高压输入线束的对地绝缘性能。

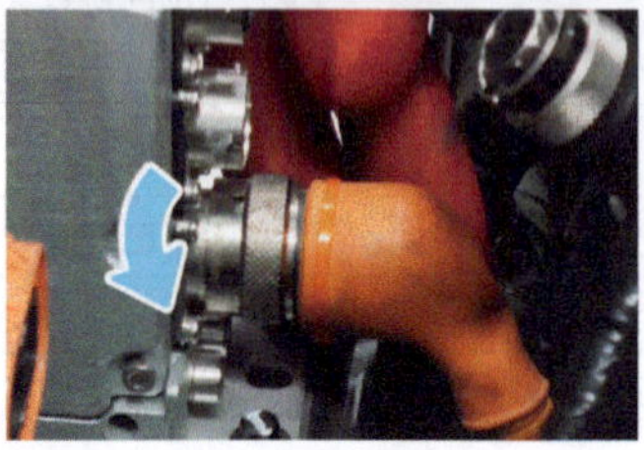

检测工具	档位	
	量程	
高压输入线束对地绝缘阻值		

5）请完成整车高低压线束/线缆恢复，还原辅助蓄电池负极，连接维修开关，进行上电操作。

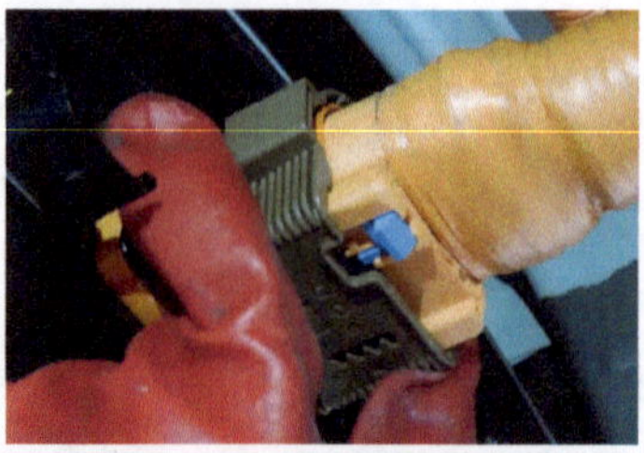

	故障灯	
仪表界面		
	文字提示	

6）清理场地。

五、质量检查　　　　　　　　　成绩：

请实训指导教师检查本组作业结果，并针对实训过程出现的问题提出改进措施及建议。

序　号	评 价 标 准	评 价 结 果
1	高压防护作业是否符合要求	
2	是否找出整车高压防护标志及搭铁点	
3	是否认知整车互锁及绝缘防护措施	
综合评价	☆ ☆ ☆ ☆ ☆	
综合评语 （作业问题及改进建议）		

六、评价反馈　　　　　　　　　成绩：

请根据自己在课堂中的实际表现进行自我反思和自我评价。

自我反思：_____
_____。

自我评价：_____
_____。

实训成绩单

项　目	评分标准	分　值	得　分
接收工作任务	明确工作任务，理解任务在企业工作中的重要程度	5	
信息收集	熟悉电动汽车高压安全防护措施	8	
制订计划	能够制订高压安全防护认知作业计划	5	
	能协同小组人员安排任务分工	5	
	能在实施前准备好所需要的工具器材	5	
计划实施	检查车辆停放位置是否合适	5	
	正确完成车辆防护、高压断电操作	10	
	完成防护设备、仪表工具的检查	10	
	能够找出整车高压警示标志及搭铁点	10	
	能够认知高压互锁设计并进行简单的测量	10	
	能够认知高压绝缘设计并进行简单的测量	10	
	完成场地的清理	5	
质量检查	任务完成，操作过程规范	8	
评价反馈	能对自身表现情况进行客观评价	2	
	在任务实施过程中发现自身问题	2	
得分（满分100）			

实训二 车辆高压互锁回路的验证

学院		专业	
姓名		学号	
小组成员		组长姓名	

一、接收工作任务　　　　　　　　　　成绩：

　　王磊是新能源汽车服务站的一名学徒工,昨日在技师刘强的指导下认识了车辆的常见高压断电策略,尤其对保护接地和高压互锁有了一定的了解。今天刘强安排王磊在实车上对高压互锁回路进行验证,要求其通过验证绘制注有端口标号的高压互锁线路图。

二、信息收集　　　　　　　　　　　　成绩：

1) 电动汽车高压互锁,通过使用_____来检查车辆高压器件、线路、插接器及护盖的电气完整性,当识别到回路异常断开时应及时_____。

2) 高压互锁回路分为_____、_____和_____三部分。

3) 查看北汽新能源 EV200 高压互锁线路示意图,补充文字描述内容。

　　北汽新能源 EV200 高压互锁回路分为三个部分。其中动力蓄电池高压互锁回路主要经过了动力蓄电池高压插件端口、_____和_____;电机控制器高压互锁回路主要经过了电机控制器高压互锁回路和_____;前机舱高压互锁回路主要经过了_____、空调压缩机、_____、高压控制盒、_____和 PTC 本体。

4) 前机舱内_____和_____的盒盖与盒盖开关联动,一旦盒盖开启,则盒盖开关_____,互锁回路_____,高压_____,保证在盒盖开启时人员不会受到电击伤害。

三、制订计划　　　　　　　　成绩：

1）根据电动车维修作业人员的穿戴要求，制订高压个人防护用具的检查及穿戴计划。

操作流程		
序号	作业项目	操作要点
计划审核	审核意见： 年　月　日　签字：	

2）请根据作业计划，完成小组成员任务分工。

操作人		记录员	
监护人		展示员	

作业注意事项
① 高压个人防护用具要加强日常维护保养，防止受潮、损坏和脏污。 ② 使用绝缘手套前要仔细检查，不能有破损和漏气现象。 ③ 实训开始前应摘掉饰品，换上实训服，长发应挽起固定于脑后。 ④ 绝缘万用表使用后应随时打到 OFF 位，防止仪表受损。 ⑤ 使用汽车举升机时应严格按照举升机的操作规程进行作业。

检测设备、工具、材料			
序号	名称	数量	清点
			□ 已清点
			□ 已清点
			□ 已清点
			□ 已清点
			□ 已清点
			□ 已清点
			□ 已清点
			□ 已清点

四、计划实施　　　　　　　　成绩：

1）请进行纯电动汽车作业前检查及车辆防护、整车高压断电操作并做好绝缘保护，完成后请验证前机舱高压互锁回路，并绘制线路示意图。

① 验证 VCU 至压缩机的高压互锁线路。

① 拔掉 VCU 和压缩机的低压插件，进行 VCU V13 与压缩机低压插件 2 号端子的导通测试

测试结果：□ 导通　　□ 不导通

② 在压缩机高压插件断开和连接两种状态下，分别在压缩机低压控制端口进行 2 号和 3 号端子的导通测试

高压插件断开时测量结果：□ 导通　□ 不导通

高压插件连接时测量结果：□ 导通　□ 不导通

结果分析：_____
_____
_____
_____

② 验证空调压缩机至车载充电机的高压互锁线路。

① 断开 CHG 的低压插件，进行空调压缩机低压插件 3 号端子和 CHG 低压插件 5 号端子的导通测试

测试结果：□ 导通　　□ 不导通

② 在 CHG 高压插件断开和连接两种状态下，分别在 CHG 低压端口进行 13 号和 5 号端子的导通测试

高压插件断开时测量结果：□ 导通　　□ 不导通
高压插件连接时测量结果：□ 导通　　□ 不导通

结果分析：_____
_____
_____
_____

③ 验证车载充电机至高压控制盒的高压互锁线路。

	① 断开高压控制盒的低压插件，进行 CHG 低压插件 13 号端子和高压控制盒低压插件 11 号端子的导通测试
	测试结果：□ 导通　　□ 不导通
	② 拔下高压控制盒的快充插件，进行高压控制盒低压端口 11 号端子与快充插件端口 4 号端子的导通测试
	测试结果：□ 导通　　□ 不导通

2）拔下高压控制盒的动力蓄电池插件、电机控制器插件和高压附件插件，对下列线路进行导通测试。

快充插件端口 3 号端子与动力蓄电池插件端口 D 号端子导通测试：□ 导通　　□ 不导通
动力蓄电池插件端口 C 号端子与 MCU 插件端口 D 号端子导通测试：□ 导通　　□ 不导通
MCU 插件端口 C 号端子与高压附件端口 L 号端子导通测试：□ 导通　　□ 不导通

结果分析：_____
_____
_____
_____

① 验证高压控制盒至 DC/DC 变换器的高压互锁线路。

	① 拔掉 DC/DC 变换器的高压插件，进行高压控制盒端高压附件线束 L 号端子与 DC/DC 变换器高压插件 2 号端子的导通测试
	测试结果：□ 导通　　□ 不导通
	② 进行 DC/DC 变换器高压端口 1 号和 2 号端子的导通测试
	测试结果：□ 导通　　□ 不导通

结果分析：_____
_____
_____

② 验证 DC/DC 变换器至 PTC 本体的高压互锁线路。

	① 拔掉 PTC 的高压插件，进行 DC/DC 变换器高压插件 1 号端子与 PTC 高压插件 4 号端子的导通测试
	测试结果：□ 导通　　□ 不导通
	② 进行 PTC 高压端口 4 号端子与车身搭铁的导通测试
	测试结果：□ 导通　　□ 不导通

结果分析：_____
_____
_____
_____

③ 根据前机舱高压互锁验证结果，绘制包含具体端子定义的互锁线路示意图。

3）验证电机控制器高压互锁回路，并绘制线路示意图。

① 检查电机控制器各个接插口与对应线束的互锁端子，并进行导通测试。

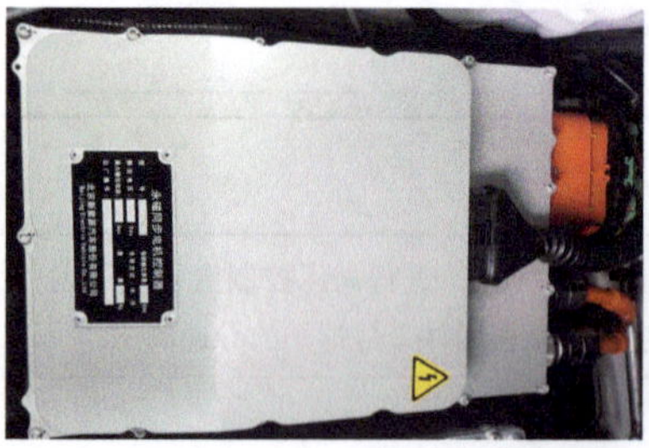

	① 拔掉电机控制器的所有插件，在 UVW 高压插件线束端和电机控制器端进行互锁端子的导通测试
	UVW 高压插件端互锁端子导通测试：□ 导通　□ 不导通 MCU 端互锁端子导通测试：□ 导通　　□ 不导通
	② 查看端子定义，检查电机控制器高压输入线束和低压线束端口是否有互锁端子
	MCU 高压输入插件端互锁端子检查：□ 无　□ 有 MCU 低压插件端互锁端子检查：□ 无　□ 有

结果分析：_____
_____
_____
_____

② 根据电机控制器高压互锁验证结果，绘制包含具体端子定义的互锁线路示意图。

4）验证动力蓄电池高压互锁回路，并绘制线路示意图。

① 拔掉动力蓄电池高压插件和维修开关，在插件端和维修开关处进行互锁端子的导通测试。

高压插件端互锁端子导通测试	□ 导通	□ 不导通
维修开关互锁端子导通测试	□ 导通	□ 不导通
结果分析：_____ _____		

② 拆卸动力蓄电池，检测动力蓄电池高压输入端口、维修开关接口的互锁端子与 BMS 插件的连接情况。

动力蓄电池高压输入端口、维修开关接口、互锁端子的导通测试	□ 导通 □ 不导通
动力蓄电池高压输入端口与 BMS 插件端口的互锁端子的导通测试	□ 导通 □ 不导通
维修开关接口与 BMS 插件端口的互锁端子的导通测试	□ 导通 □ 不导通

结果分析：_____
_____
_____

③ 根据互锁线路验证结果，绘制动力蓄电池互锁线路示意图。

五、质量检查　　　　　　　　　　　**成绩：**

请实训指导教师检查本组作业结果，并针对实训过程出现的问题提出改进措施及建议。

序　号	评价标准	评价结果
1	维修作业前检查步骤齐全、方法正确	
2	高压断电操作规范	
3	前机舱高压互锁线路验证合理准确	
4	电机控制器高压互锁线路验证方法合理	
5	动力蓄电池高压互锁线路验证方法合理	
综合评价	☆☆☆☆☆	
综合评语 （作业问题及改进建议）		

六、评价反馈　　　　　　　　　成绩：

请根据自己在课堂中的实际表现进行自我反思和自我评价。

自我反思：_____
_____。

自我评价：_____
_____。

实训成绩单

项　目	评分标准	分　值	得　分
接收工作任务	明确工作任务，理解任务在企业工作中的重要程度	5	
信息收集	了解常见的车辆高压断电策略	5	
	了解互锁防护的设计目的和常见类型	5	
	熟悉北汽新能源 EV200 高压互锁线路的分布情况	10	
制订计划	按规范作业要求制订高压互锁线路验证计划	10	
计划实施	规范地完成作业前检查及车辆防护	5	
	正确进行高压断电操作	5	
	正确完成前机舱高压互锁线路验证作业并进行分析	15	
	正确完成电机控制器高压互锁线路验证作业并进行分析	10	
	正确完成动力蓄电池高压互锁线路验证作业并进行分析	10	
质量检查	任务完成，操作过程规范	10	
评价反馈	能对自身表现情况进行客观评价	5	
	在任务实施过程中发现自身问题	5	
得分（满分100）			

实训三　车辆高压线束安全检测

学院		专业	
姓名		学号	
小组成员		组长姓名	

一、接收工作任务　　　　　　　　　　成绩：

　　王磊是新能源汽车服务站一名实习生，跟随维修技师刘强学习电动汽车维修技能。今天刘强在讲授完车辆高压线束安全检测的方法后，让王磊对每根高压线束进行实际测量，自己在旁监护。如果你是王磊，请完成车辆高压线束安全检测。

二、信息收集　　　　　　　　　　　　成绩：

　　请查阅理论知识，给下列各段线束标注端口名称和端子定义。

接＿＿＿＿＿端
A脚位：＿＿＿＿＿
B脚位：＿＿＿＿＿
C脚位：互锁线短接
D脚位：互锁线短接

接＿＿＿＿＿端
1脚：＿＿＿＿＿
2脚：＿＿＿＿＿
中间为互锁端子

动力蓄电池高压线缆

单芯插件（Y键位）
接电机控制器＿＿极

单芯插件（Z键位）
接电机控制器＿＿极

接＿＿＿＿＿端
A脚位：＿＿＿＿＿
B脚位：＿＿＿＿＿
C脚位：互锁线短接
D脚位：互锁线短接

电机控制器线缆

接_____
1 脚：A−（_____）
2 脚：A+（_____）
3 脚：CC2（_____）
4 脚：S+（_____）
5 脚：S−（_____）

车身搭铁点

接_____：
1 脚：_____
2 脚：_____
中间为互锁端子

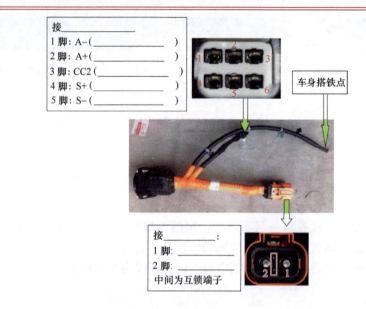

快充线束

_____：
DC−：_____
DC+：_____
PE：_____
A−：_____
A+：_____
CC1：_____
CC2：_____
S+：_____
S−：_____

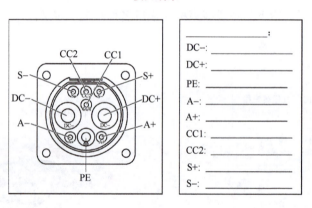

快充口

接_____：
1 脚：_____
2 脚：_____
3 脚：_____
4 脚：空
5 脚：_____
6 脚：_____

_____：
CP：_____
CC：_____
N：_____
L_1：_____
L_2：_____
L_3：_____
PE：_____

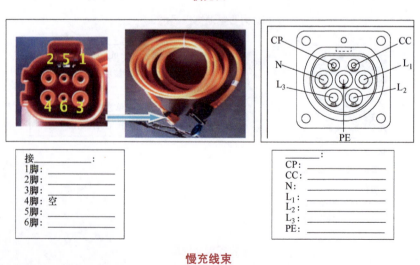

慢充线束

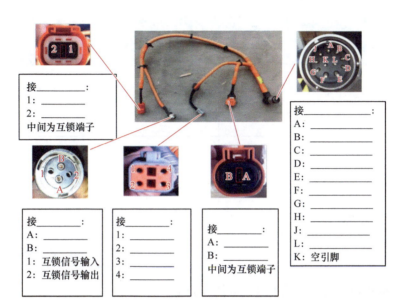

接_____：
1: _____
2: _____
中间为互锁端子

接_____：
A: _____
B: _____
C: _____
D: _____
E: _____
F: _____
G: _____
H: _____
J: _____
L: 空引脚
K: 空引脚

接_____：
A: _____
B: _____
1: 互锁信号输入
2: 互锁信号输出

接_____：
1: _____
2: _____
3: _____
4: _____

接_____：
A: _____
B: _____
中间为互锁端子

高压附件线束

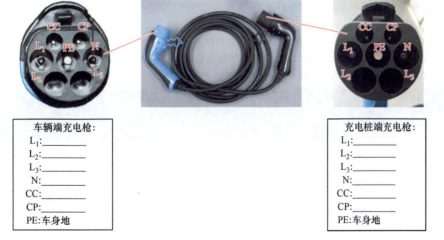

车辆端充电枪：
L_1:_____
L_2:_____
L_3:_____
N:_____
CC:_____
CP:_____
PE:车身地

充电桩端充电枪：
L_1:_____
L_2:_____
L_3:_____
N:_____
CC:_____
CP:_____
PE:车身地

慢充充电线

三、制订计划　　　　　　　　　　成绩：

1）根据电动汽车高压作业安全要求，制订高压线束安全检测作业计划。

操作流程		
序　号	作业项目	操作要点
计划审核	审核意见： 　　　　　　　　　　　　　　　　　年　月　日　签字：	

2）请根据作业计划，完成小组成员任务分工。

操　作　人		记　录　员	
监　护　人		展　示　员	

作业注意事项
① 实训开始前应摘掉饰品，换上实训服，长头发应挽起固定于脑后。 ② 实训前检查仪表工具状态良好，使用后应立即清理。 ③ 仪表使用后应随时打到 OFF 位，防止仪表受损。 ④ 操作汽车举升机时应严格按照举升机的操作规程进行作业。 ⑤ 整车实训时确保钥匙开关处于 LOCK 位，操作另有要求除外。 ⑥ 就车工作时，应施加驻车制动，除非特定操作要求置于其他档位。

检测设备、工具、材料			
序　号	名　称	数　量	清　点
			□ 已清点
			□ 已清点
			□ 已清点
			□ 已清点
			□ 已清点
			□ 已清点
			□ 已清点

四、计划实施　　　成绩：

请进行纯电动汽车作业前检查及车辆防护、整车高压断电操作，完成后请拆除高压线束/线缆，进行如下操作。

① 检查动力蓄电池高压线缆。

	外观状态	□正常 □破损 □脏污 位置：_____	
	端子导通	电源正极（B脚与2脚）	□导通 □不导通
		电源负极（A脚与1脚）	□导通 □不导通
	线缆绝缘检测	电源正极（B脚）绝缘阻值	测量值：_____ 标准值：_____ □正常 □否
		电源负极（A脚）绝缘阻值	测量值：_____ 标准值：_____ □正常 □否

接高压控制盒端　　接动力蓄电池端

② 电机控制器线缆。

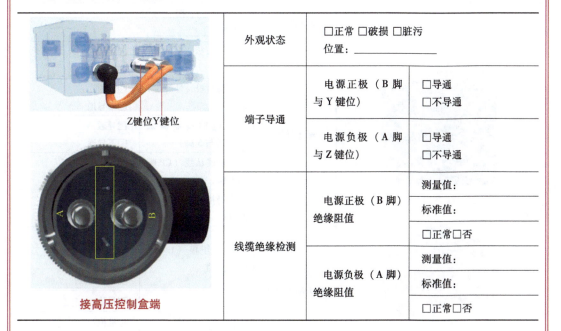

Z键位Y键位

	外观状态	□正常 □破损 □脏污 位置：_____	
	端子导通	电源正极（B脚与Y键位）	□导通 □不导通
		电源负极（A脚与Z键位）	□导通 □不导通
	线缆绝缘检测	电源正极（B脚）绝缘阻值	测量值： 标准值： □正常 □否
		电源负极（A脚）绝缘阻值	测量值： 标准值： □正常 □否

接高压控制盒端

③ 快充线束。

	外观状态	□正常 □破损 □脏污 位置：_____	
接高压控制盒　接整车低压线束 快充口	端子导通	电源正极（DC+脚与B脚）	□导通 □不导通
		电源负极（DC-脚与A脚）	□导通 □不导通
		低压辅助蓄电池正极（A+脚与2脚）	□导通 □不导通
		低压辅助蓄电池负极（A-脚与1脚）	□导通 □不导通
		充电通信 CAN-H（S+脚与4脚）	□导通 □不导通
		充电通信 CAN-L（S-脚与5脚）	□导通 □不导通
		充电插接器确认（CC2脚与3脚）	□导通 □不导通
		车身搭铁（PE脚与搭铁）	□导通 □不导通
	线束绝缘检测	电源正极（B脚）绝缘阻值	测量值：_____ 标准值：_____ □正常 □否
		电源负极（A脚）绝缘阻值	测量值：_____ 标准值：_____ □正常 □否

④ 慢充线束。

	外观状态	□正常 □破损 □脏污 位置：_____	
慢充口 接车载充电机	端子导通	电源正极（L_1 脚与1脚）	□导通 □不导通
		电源负极（N脚与2脚）	□导通 □不导通
		充电插接器确认（CC脚与5脚）	□导通 □不导通
		控制确认线（CP脚与6脚）	□导通 □不导通
		车身搭铁（PE脚与3脚）	□导通 □不导通
	线束绝缘检测	电源正极（L脚）绝缘阻值	测量值：_____ 标准值：_____ □正常 □否
		电源负极（N脚）绝缘阻值	测量值：_____ 标准值：_____ □正常 □否

⑤ 高压附件线束。

接高压控制盒插件 接充电机插件 接DC/DC变换器插件 接空调压缩机插件	外观状态	□正常 □破损 □脏污 位置：_____	
	端子导通	DC/DC变换器电源正极（A脚与B2脚）	□导通 □不导通
		PTC电源正极（B脚与3脚）	□导通 □不导通
		压缩机电源正极（C脚与B3脚）	□导通 □不导通
		PTC-A组负极（D脚与1脚）	□导通 □不导通
		充电机电源正极（E脚与B1脚）	□导通 □不导通
		充电机电源负极（F脚与A1脚）	□导通 □不导通
		DC/DC变换器电源负极（G脚与A2脚）	□导通 □不导通
		压缩机电源负极（H脚与A3脚）	□导通 □不导通
		PTC-B组负极（J脚与2脚）	□导通 □不导通
	线束绝缘检测	DC/DC变换器电源正极（A脚）绝缘阻值	测量值：_____ 标准值：_____ □正常 □否
		PTC电源正极（B脚）绝缘阻值	测量值：_____ 标准值：_____ □正常 □否
		压缩机电源正极（C脚）绝缘阻值	测量值：_____ 标准值：_____ □正常 □否
		PTC-A组负极（D脚）绝缘阻值	测量值：_____ 标准值：_____ □正常 □否
		充电机电源正极（E脚）绝缘阻值	测量值：_____ 标准值：_____ □正常 □否
		充电机电源负极（F脚）绝缘阻值	测量值：_____ 标准值：_____ □正常 □否

(续)

接空调 PTC 插件	线束绝缘检测	DC/DC 变换器电源负极（G 脚）绝缘阻值	测量值：_____ 标准值：_____ □正常 □否
		压缩机电源负极（H 脚）绝缘阻值	测量值：_____ 标准值：_____ □正常 □否
		PTC-B 组负极（J 脚）绝缘阻值	测量值：_____ 标准值：_____ □正常 □否

⑥ 慢充充电线。

充电桩端充电枪 / 车辆端充电枪	外观状态	□正常 □破损 □脏污 位置：	
	端子导通	交流电源正极（L₁ 脚与 L 脚）	□导通 □不导通
		交流电源负极（N 脚与 N 脚）	□导通 □不导通
		充电连接确认（CP 脚与 CP 脚）	□导通 □不导通
		车身搭铁（PE 脚与 PE 脚）	□导通 □不导通
	车辆端充电枪阻值	CC 脚与 PE 脚	□阻值 680Ω±3%（16A） □阻值 220Ω±3%（32A） □以上均不是，实际____Ω
	充电桩端充电枪阻值	CC 脚与 PE 脚	□导通 □不导通 □阻值<0.5Ω □阻值>0.5Ω
	线束绝缘检测	交流电源正极（L₁ 脚）绝缘阻值	测量值：_____ 标准值：_____ □正常 □否
		交流电源负极（N 脚）绝缘阻值	测量值：_____ 标准值：_____ □正常 □否

五、质量检查　　成绩：

请实训指导教师检查本组作业结果，并针对实训过程出现的问题提出改进措施及建议。

序　号	评价标准	评价结果
1	车辆作业场地准备及安全防护是否符合要求	
2	工具检查及使用是否规范	
3	各高压线束的外观及导通检查	
4	各高压线束的绝缘性能检查	
综合评价	☆ ☆ ☆ ☆ ☆	
综合评语 （作业问题及改进建议）		

六、评价反馈　　　　成绩：

请根据自己在课堂中的实际表现进行自我反思和自我评价。

自我反思：_____

_____。

自我评价：_____

_____。

实训成绩单

项　目	评分标准	分　值	得　分
接收工作任务	明确工作任务，理解任务在企业工作中的重要程度	3	
信息收集	标注各高压线束端口名称及接口定义	8	
	掌握各高压线束/线缆的连接部件	4	
制订计划	按照各高压线束/线缆在实车上的位置，制订合适的检查作业计划	10	
	能协同小组人员安排任务分工	5	
	能在实施前准备好所需要的工具器材	5	
计划实施	规范进行场地布置及检测仪表工具检查	8	
	检查动力蓄电池高压线缆的外观、导通及绝缘状况	8	
	检查电机控制器线缆的外观、导通及绝缘状况	8	
	检查快充线束的外观、导通及绝缘状况	8	
	检查慢充线束的外观、导通及绝缘状况	8	
	检查高压附件线束的外观、导通及绝缘状况	8	
	检查慢充充电线的外观、导通及绝缘状况	8	
质量检查	任务完成，操作过程规范	5	
评价反馈	能对自身表现情况进行客观评价	2	
	在任务实施过程中发现自身问题	2	
	得分（满分100）		

项目七 高压安全事故应急处理

实训一 心肺复苏急救流程

学院		专业	
姓名		学号	
小组成员		组长姓名	

一、接收工作任务   成绩：

王磊是新能源汽车服务站一名实习生，在实训操作过程中由于误操作触电，监护人刘强及时对其进行触电急救，采用心肺复苏的方法让王磊恢复了呼吸和脉搏。如果你是刘强，面对触电人员，你该如何进行现场的急救操作？

二、信息收集   成绩：

1）现场急救的原则是_____、_____、_____、_____。

2）（单选题）当发现有人触电时，首先应当（　　）。
A. 使触电者脱离电源　　　　　　　B. 直接用手拖拽伤员
C. 判断触电者受伤害情况　　　　　D. 拨打120急救电话

3）如果电流通过触电者入地，并且触电者紧握电线，可_____。

4）如果触电者触及断落在地上的带电高压导线，且尚未确定线路无电，救护人员在未做好安全措施前，不能接近_____范围内，防止跨步电压伤人。

5）（多选题）下列说法中正确的是（　　）。
A. 断电源剪线时，应站在绝缘物体上
B. 救护人不得使用金属和其他潮湿的物品作为救护工具
C. 在使触电者脱离电源时，救护人必须用两只手操作，以防触电
D. 剪断电线要分相，一根一根地剪断，并尽可能站在绝缘物体或干木板上

6）（判断题）如果触电人的伤害程度并不严重，神志还比较清醒，应让他站起来走动走动。（　　）

7）（判断题）如果触电人的伤害情况较为严重，无呼吸、有心跳时，应采用口对口（鼻）人工呼吸进行抢救。（   ）

8）（判断题）如果触电人的伤害情况很严重，无心跳、无呼吸时，应采用人工呼吸和胸外按压两种方法急救。（   ）

9）（判断题）任何药物都不能代替人工呼吸和胸外按压抢救。人工呼吸和胸外按压是基本的急救方法，是第一位急救方法。（   ）

10）（多选题）下列关于急救呼叫的说法正确的是（   ）。

    A. 相互确认　　　　　　　　　　　B. 讲清楚所在地址及伤病员的大致情况
    C. 做好救援准备　　　　　　　　　D. 催促救护中心人员

11）心肺复苏法应在现场就地坚持进行，不要为方便而随意移动伤员，如确需要移动时，抢救中断时间不应超过_____。

12）（单选题）下列伤员移动方法中，错误的是（   ）。

A.　　　　　　　　　　　　　　　　B.

13）采用口对口人工呼吸法抢救开始时，先连续大口吹气两次，每次_____ s，然后吹气速度应均匀，一般以每_____ s 重复一次。

14）在下图中标出使用胸部按压法急救时的正确按压位置。

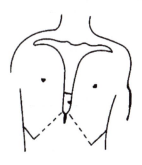

15）胸外心脏按压要以均匀的速度进行，每分钟_____次左右，每次按压和放松的时间应相等。

16）_____是动、静脉出血最迅速的止血法，即用手指、手掌或止血橡皮带在出血处供血端将血管压瘪在骨骼上而止血，同时，速送医院处理。

三、制订计划　　　　　　　　　　　　　成绩：

1）根据触电急救规范及要求，制订电动汽车维修作业过程中，采用心肺复苏法进行触电急救的行动计划。

操作流程		
序　号	作业项目	操作要点
计划审核	审核意见： 　　　　　　　　　　　　　　　　　　　　　　　年　月　日　签字：	

2）请根据作业计划，完成小组成员任务分工。

操　作　人		记　录　员	
监　护　人		展　示　员	
作业注意事项			

① 实训开始前应摘掉饰品，换上实训服，长头发应挽起固定于脑后。
② 实训前检查车辆状态良好，避免实训过程中触电。
③ 操作汽车举升机时应严格按照举升机的操作规程进行作业。
④ 整车实训时确保钥匙开关处于 LOCK 位，操作另有要求除外。
⑤ 实施驻车工作时，应施加驻车制动，除非特定操作要求置于其他档位。
⑥ 当触电者站立时，要注意触电者倒下的方向，防止摔伤。

检测设备、工具、材料			
序　号	名　称	数　量	清　点
			□已清点
			□已清点
			□已清点
			□已清点
			□已清点
			□已清点

四、计划实施　　　　　　　　　　　成绩：

1）请进行纯电动汽车作业前检查及车辆防护，完成后请模拟维修过程中触电，监护人将触电者脱离电源情境。

	施救者措施	防护	□绝缘手套　□绝缘鞋
		车辆钥匙位置	□LOCK　□ON　□ACC　□START
	判断触电者 伤害情况	呼吸	□有　□无
		心跳	□有　□无
		瞳孔	□正常　□放大

2）使用仰头抬颌法，保持气道通畅。

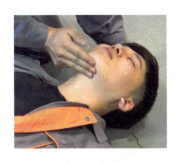

伤者腿脚	□抬高 □保持水平
伤者头部	□抬高 □保持水平
伤者领口和衣服	□保持原样 □解开
口中异物	□保持原样 □取出
前额处	□向后推 □垫高
下颌骨	□向上抬起 □向下按压

3）口对口（鼻）人工呼吸。

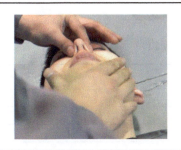

捏紧触电者的鼻孔	□是 □否
抬起下颌	□是 □否
盖上一层纱布或薄布	□是 □否
胸部是否膨胀	□是 □否
吹气时间	□2s □3s
呼气时间	□2s □3s

4）胸外按压。

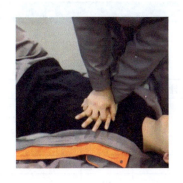

救护人两肩位置	
正确按压位置	
垂直按压深度	
下压至规定深度后	□保持几秒钟 □迅速放松
每分钟按压次数	
单人抢救时，每按压15次后吹气次数	
双人抢救时，每按压5次后由另一人吹气次数	

五、质量检查　　　　　　　　　　　成绩：

请实训指导教师检查本组作业结果，并针对实训过程出现的问题提出改进措施及建议。

序　号	评价标准	评价结果
1	救护人将触电者脱离电源时防护是否到位	
2	救护人员的急救流程是否正确	
3	仰头抬颌法的操作是否到位	
4	口对口人工呼吸是否正确	
5	胸外按压的操作是否到位	
综合评价	☆☆☆☆☆	
综合评语 （作业问题及改进建议）		

六、评价反馈　　　成绩：

请根据自己在课堂中的实际表现进行自我反思和自我评价。

自我反思：_____。

自我评价：_____。

实训成绩单

项　目	评分标准	分　值	得　分
接收工作任务	明确工作任务，理解任务在企业工作中的重要程度	5	
信息收集	掌握触电急救流程	5	
	掌握心肺复苏的操作规范及操作要点	10	
制订计划	按照触电急救的流程，制订合适的检查作业计划	10	
	能协同小组人员安排任务分工	5	
	能在实施前准备好所需要的工具器材	5	
计划实施	规范进行场地布置及情景模拟	8	
	进行断电操作，帮助触电者脱离电源	10	
	仰头抬颌法的实施	10	
	口对口（鼻）人工呼吸法的实施	10	
	胸部按压的操作实施	10	
质量检查	任务完成，操作过程规范	5	
评价反馈	能对自身表现情况进行客观评价	4	
	在任务实施过程中发现自身问题	3	
	得分（满分100）		

实训二　除颤仪的使用

学院		专业	
姓名		学号	
小组成员		组长姓名	

一、接收工作任务　　成绩：

新能源汽车服务站实习生王磊，由于误操作触电。监护人刘强及时采用心肺复苏法对他进行急救，为了让王磊恢复正常心脏跳动，刘强还需要对王磊进行电除颤急救。如果你是刘强，面对触电人员，你该如何进行现场电除颤急救操作？

二、信息收集　　成绩：

1）按照人体触电后呈现的状态，可以将人体通过的电流分为_____、_____和_____三个级别。

2）对应于概率50%的摆脱电流成年男子约为_____，成年女子约为_____，对应于概率99.5%的摆脱电流则分别为_____和_____。儿童的摆脱阈值较小。

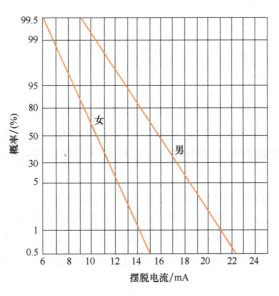

摆脱电流概率曲线

3）当电流持续时间超过心脏搏动周期时，人的室颤电流约为_____；当电流持续时间短于心脏搏动周期时，人的室颤电流约为_____。

4) _____是小电流电击使人致命最多见和最危险的原因。发生心室颤动时，心脏每分钟颤动_____次以上，但幅值很小，而且没有规则，血液实际上已终止循环。下图中，_____线为正常心电图，_____线为室颤心电图。

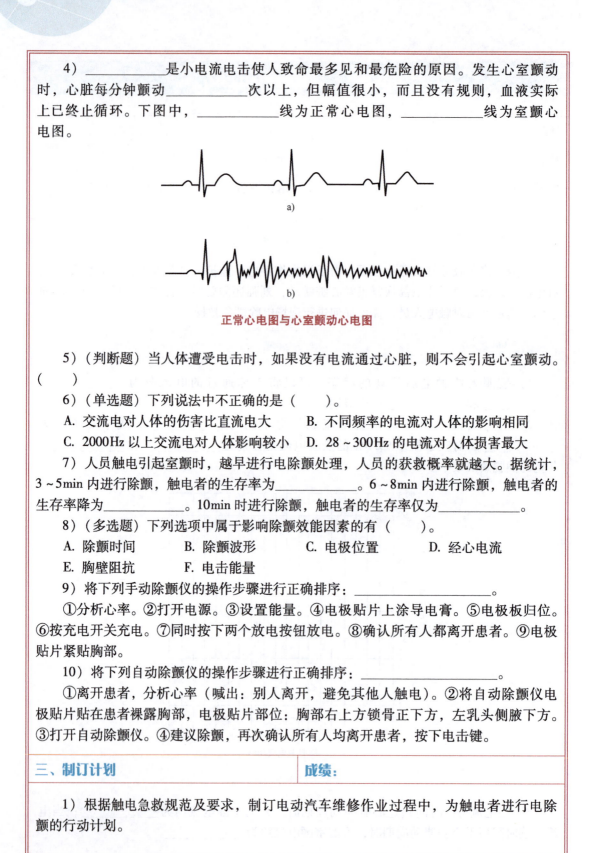

正常心电图与心室颤动心电图

5) （判断题）当人体遭受电击时，如果没有电流通过心脏，则不会引起心室颤动。（   ）

6) （单选题）下列说法中不正确的是（   ）。
   A. 交流电对人体的伤害比直流电大 B. 不同频率的电流对人体的影响相同
   C. 2000Hz以上交流电对人体影响较小 D. 28~300Hz的电流对人体损害最大

7) 人员触电引起室颤时，越早进行电除颤处理，人员的获救概率就越大。据统计，3~5min内进行除颤，触电者的生存率为_____。6~8min内进行除颤，触电者的生存率降为_____。10min时进行除颤，触电者的生存率仅为_____。

8) （多选题）下列选项中属于影响除颤效能因素的有（   ）。
   A. 除颤时间   B. 除颤波形   C. 电极位置   D. 经心电流
   E. 胸壁阻抗   F. 电击能量

9) 将下列手动除颤仪的操作步骤进行正确排序：_____。
   ①分析心率。②打开电源。③设置能量。④电极贴片上涂导电膏。⑤电极板归位。⑥按充电开关充电。⑦同时按下两个放电按钮放电。⑧确认所有人都离开患者。⑨电极贴片紧贴胸部。

10) 将下列自动除颤仪的操作步骤进行正确排序：_____。
   ①离开患者，分析心率（喊出：别人离开，避免其他人触电）。②将自动除颤仪电极贴片贴在患者裸露胸部，电极贴片部位：胸部右上方锁骨正下方，左乳头侧腋下方。③打开自动除颤仪。④建议除颤，再次确认所有人均离开患者，按下电击键。

三、制订计划	成绩：

1) 根据触电急救规范及要求，制订电动汽车维修作业过程中，为触电者进行电除颤的行动计划。

项目七　高压安全事故应急处理

<table>
<tr><th colspan="3">操作流程</th></tr>
<tr><th>序　号</th><th>作业项目</th><th>操作要点</th></tr>
<tr><td></td><td></td><td></td></tr>
<tr><td></td><td></td><td></td></tr>
<tr><td rowspan="2">计划审核</td><td colspan="2">审核意见：</td></tr>
<tr><td colspan="2">年　月　日　签字：</td></tr>
</table>

2）请根据作业计划，完成小组成员任务分工。

操　作　人		记　录　员	
监　护　人		展　示　员	

<table>
<tr><th colspan="4">作业注意事项</th></tr>
<tr><td colspan="4">
① 实训开始前应摘掉饰品，换上实训服，长头发应挽起固定于脑后。
② 整车实训时确保钥匙开关处于 LOCK 位，操作另有要求除外。
③ 就车工作时，应施加驻车制动，除非特定操作要求置于其他档位。
④ 当触电者站立时，要注意触电者倒下的方向，防止摔伤。
⑤ 安装电极贴片时应防止相连，婴儿可前胸后背放置。
⑥ 两电极板贴紧患者皮肤，以免给病人造成烧伤。不要接触任何金属表面，以免造成导电。
</td></tr>
</table>

检测设备、工具、材料			
序　号	名　称	数　量	清　点
			□ 已清点
			□ 已清点
			□ 已清点
			□ 已清点
			□ 已清点
			□ 已清点

四、计划实施　　　　　　　　　　成绩：

1）请进行纯电动汽车维修作业前检查及车辆防护，完成后请模拟维修过程中触电，监护人员查看触电者状态。

<table>
<tr><td rowspan="3">判断触电者
伤害情况</td><td>呼吸</td><td>□有 □无</td></tr>
<tr><td>瞳孔</td><td>□正常 □放大</td></tr>
<tr><td>脉搏</td><td>□有 □无</td></tr>
<tr><td rowspan="2">急救措施</td><td>衣物</td><td>□保持原样 □解开</td></tr>
<tr><td>心肺复苏</td><td>□进行 □不进行</td></tr>
<tr><td>注意事项</td><td colspan="2">保持触电者气道通畅</td></tr>
</table>

2）除颤准备工作。

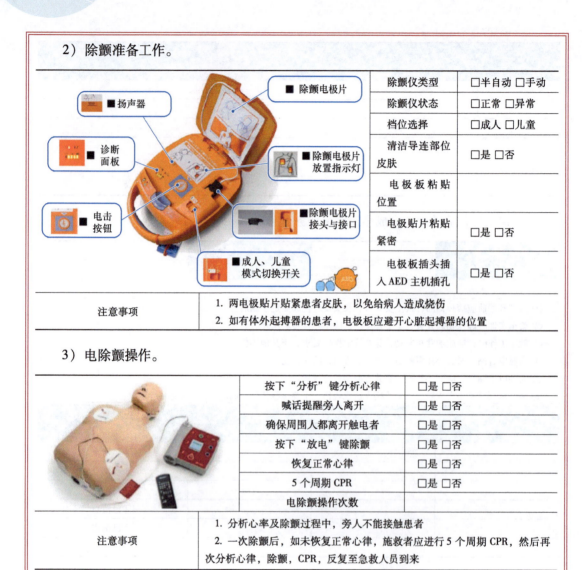

除颤仪类型	□半自动 □手动
除颤仪状态	□正常 □异常
档位选择	□成人 □儿童
清洁导连部位皮肤	□是 □否
电极板粘贴位置	
电极贴片粘贴紧密	□是 □否
电极板插头插入 AED 主机插孔	□是 □否

注意事项	1. 两电极贴片贴紧患者皮肤，以免给病人造成烧伤 2. 如有体外起搏器的患者，电极板应避开心脏起搏器的位置

3）电除颤操作。

按下"分析"键分析心律	□是 □否
喊话提醒旁人离开	□是 □否
确保周围人都离开触电者	□是 □否
按下"放电"键除颤	□是 □否
恢复正常心律	□是 □否
5 个周期 CPR	□是 □否
电除颤操作次数	

注意事项	1. 分析心率及除颤过程中，旁人不能接触患者 2. 一次除颤后，如未恢复正常心律，施救者应进行 5 个周期 CPR，然后再次分析心律，除颤，CPR，反复至急救人员到来

五、质量检查　　　成绩：

请实训指导教师检查本组作业结果，并针对实训过程出现的问题提出改进措施及建议。

序　号	评价标准	评价结果
1	查看及判断触电者状态是否得当	
2	除颤准备工作是否完善	
3	电除颤操作是否规范	
综合评价	☆ ☆ ☆ ☆ ☆	
综合评语 （作业问题及改进建议）		

六、评价反馈	成绩：

请根据自己在课堂中的实际表现进行自我反思和自我评价。

自我反思：_____

_____。

自我评价：_____

_____。

实训成绩单

项　　目	评 分 标 准	分　　值	得　　分
接收工作任务	明确工作任务，理解任务在企业工作中的重要程度	5	
信息收集	掌握电流对人体的影响及心室颤动的症状、危害	5	
	掌握电除颤的必要性以及除颤仪的相关信息	5	
	掌握电除颤的操作规范及操作要点	10	
制订计划	按照电除颤的流程，制订合适的行动计划	10	
	能协同小组人员安排任务分工	5	
	能在实施前准备好所需要的工具器材	5	
计划实施	规范进行场地布置及情景模拟	8	
	检查触电者情况，采取适当措施	10	
	电除颤所需器材准备及人员准备	10	
	使用半自动除颤仪进行除颤操作	15	
质量检查	任务完成，操作过程规范	5	
评价反馈	能对自身表现情况进行客观评价	4	
	在任务实施过程中发现自身问题	3	
得分（满分100）			

项目八 高压系统故障检测

实　训　高压系统绝缘故障排查

学院		专业	
姓名		学号	
小组成员		组长姓名	

一、接收工作任务	成绩：

1. 企业工作任务

客户王明先生几年前购买了一辆纯电动汽车，昨日王先生冒大雨将车从公司开回了家，第二天上电时发现仪表报绝缘故障，车辆无法高压上电。随即王先生将车辆被送至新能源汽车服务站，技师刘强负责对车辆进行故障诊断与维修。

2. 确认故障现象

钥匙开关位置：□START □ON □ACC □LOCK	
READY 指示灯：□熄灭 □点亮	续驶里程：____ km
档位情况：□R □N □D □E	动力蓄电池电压值：____ V
仪表显示：	

二、信息收集	成绩：

1）请根据回忆，补充下图的高压部件与线束名称。

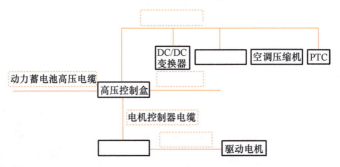

88

2）车辆高压回路绝缘检测由_____负责。

3）当车辆的组合仪表明确显示有绝缘故障，表明高压部件出现了绝缘电阻_____的情况，需对高电压部件进行_____检查。由于绝缘检测系统无法对绝缘故障点进行定位，因而需要进行_____。

4）在进行高压回路的排查前，为了确保安全，一定要按照相应的高压安全操作规程进行作业，操作人员按规定穿戴好_____，检查工具的_____。操作时应戴_____，穿_____，站在_____上。

5）请填写高压部件绝缘电阻的标准值。

检 测 项 目	标 准 值
动力蓄电池正负极绝缘电阻检测	
车载充电机正负极绝缘电阻检测	
DC/DC 变换器正负极绝缘电阻检测	
空调压缩机正负极绝缘电阻检测	
PTC 正负极绝缘电阻检测	
电机控制器正负极绝缘电阻检测	
高压控制盒正负极绝缘电阻检测	

三、制订计划　　　　　　　　　成绩：

1）根据车辆实际的故障现象，制订针对该故障现象维修的作业计划。

① 故障现象描述。根据客户故障现象描述及确认故障现象，本次维修作业任务为：_____

_____。

② 故障原因分析。

_____

_____。

2）请按照故障现象分析，制订维修作业计划。

操作流程		
序　号	作业项目	操作要点
计划审核	审核意见： 年　月　日　签字：	

3）请根据维修作业计划，完成小组成员任务分工。

操 作 人		记 录 员	
监 护 人		展 示 员	

作业注意事项

① 实训开始前应摘掉首饰,换上实训服,长发应挽起固定于脑后。
② 对高压部件进行作业时必须佩戴高压绝缘手套。
③ 非专业维修人员或实训教师离场时,严禁自行拆卸高压部件。
④ 在测量高压部件绝缘阻值前需先将辅助蓄电池负极断开,用万用表测量所测部位确认无高压后再进行操作。
⑤ 整车高压部件高、低压接插件插拔时必须按照规定解锁方法操作,严禁暴力拆卸。
⑥ 每次使用完绝缘万用表后都需将旋钮置于 OFF 位。
⑦ 作业完毕应清除杂物,使实训场地恢复整洁。

检测设备、工具、材料			
序　号	名　称	数　量	清　点
			□ 已清点
			□ 已清点
			□ 已清点
			□ 已清点
			□ 已清点
			□ 已清点

四、计划实施　　　　　　　　　　　　成绩：

1）请进行纯电动汽车作业前检查及车辆防护、整车高压断电,完成后请利用维修检测工具测量动力蓄电池正负极对车身的绝缘电阻。

① 测量动力蓄电池正极对车身的绝缘电阻。

	检测工具	
	检测方法	
	绝缘阻值	

结果分析：_____

② 测量动力蓄电池负极对车身的绝缘电阻。

	检测方法	
	绝缘阻值	

结果分析：_____

2）请利用维修检测工具测量负载端的绝缘电阻，锁定绝缘故障发生位置。

① 测量负载端正负极对车身的绝缘电阻。

检测方法：

正极绝缘电阻值		负极绝缘电阻值	

结果分析：_____
_____

② 测量动力蓄电池高压电缆的绝缘电阻。

检测方法：

正极绝缘电阻值		负极绝缘电阻值	

结果分析：_____
_____

③ 测量高压控制盒的绝缘电阻。

检测方法：

动力蓄电池输入端正极绝缘电阻值		电机控制器输出端正极绝缘电阻值	
动力蓄电池输入端负极绝缘电阻值		电机控制器输出端负极绝缘电阻值	

结果分析：_____
_____

④ 测量快充线束的绝缘电阻。

检测方法：			
正极绝缘电阻值		负极绝缘电阻值	

结果分析：

⑤ 测量电机控制器的绝缘电阻。

检测方法：			
正极绝缘电阻值		负极绝缘电阻值	

结果分析：

⑥ 测量车载充电机、PTC、空调压缩机和 DC/DC 变换器的绝缘电阻。

检测方法：

高压附件线束有效端子个数		PTC 正极绝缘电阻值	
车载充电机正极绝缘电阻值		PTC A 组负极绝缘电阻值	
车载充电机负极绝缘电阻值		PTC B 组负极绝缘电阻值	
空调压缩机正极绝缘电阻值		DC/DC 变换器正极绝缘电阻值	
空调压缩机负极绝缘电阻值		DC/DC 变换器负极绝缘电阻值	

结果分析：

⑦ DC/DC 变换器绝缘故障诊断排查。

检测方法：	
DC/DC 变换器高压输入端正极对地绝缘电阻值	
DC/DC 变换器高压输入端负极对地绝缘电阻值	
线束端口正极对地绝缘电阻值	
线束端口负极对地绝缘电阻值	

绝缘故障处理方法：

3）请完成整车上电，以验证故障现象是否解除。

① 记录整车上电仪表信息数据。

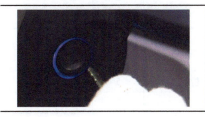

钥匙开关位置：□START □ON □ACC □LOCK	
READY 指示灯：□熄灭 □点亮	续驶里程：____ km
档位情况：□R □N □D □E	动力蓄电池电压值：____ V
仪表显示：_____	

② 故障验证结论。

结论：_____
_____
_____

五、质量检查　　　　成绩：

请实训指导教师检查本组作业结果，并针对实训过程出现的问题提出改进措施及建议。

序　号	评价标准	评价结果
1	规范完成维修作业前检查及车辆防护	
2	正确测量动力蓄电池正负极对车身的绝缘电阻值	
3	正确测量前机舱高压部件正负极对车身的绝缘电阻值	
4	采用规范方法解除故障	
5	准确记录故障诊断结果	
综合评价	☆ ☆ ☆ ☆ ☆	
综合评语 （作业问题及改进建议）		

六、评价反馈	成绩：

请根据自己在课堂中的实际表现进行自我反思和自我评价。

自我反思：_____

_____。

自我评价：_____

_____。

实训成绩单

项　目	评 价 标 准	分　　值	得　　分
接收工作任务	明确工作任务，准确记录客户及车辆信息	5	
信息收集	掌握工作相关知识及操作要点	15	
制订计划	计划合理可行	10	
计划实施	正确规范完成作业前准备及车辆防护工作	3	
	正确完成车辆初步检查并进行初步故障分析	5	
	按规定解锁方法拔插高压部件插件	3	
	正确使用绝缘万用表测量绝缘电阻值	5	
	正确测量动力蓄电池的绝缘电阻值	10	
	正确测量负载端各高压部件的绝缘电阻值	15	
	能对绝缘故障发生部件进行正确的修复处理	10	
	规范地完成故障验证环节并正确填写故障验证结论	10	
	正确规范地完成维修作业后现场恢复及工具归整	3	
质量检查	按照要求完成相应任务	3	
评价反馈	经验总结到位，评价合理	3	
	得分（满分100）		